Jacob Minor

Ferdinand von Saar

Eine Studie

Jacob Minor

Ferdinand von Saar
Eine Studie

ISBN/EAN: 9783743354586

Hergestellt in Europa, USA, Kanada, Australien, Japan

Cover: Foto ©ninafisch / pixelio.de

Manufactured and distributed by brebook publishing software
(www.brebook.com)

Jacob Minor

Ferdinand von Saar

Ferdinand von Saar.

Eine Studie

von

J. Minor.

Leipzig und Wien.

K. u. k. Hofbuchdruckerei und Verlagshandlung Carl Fromme.

1898.

Inhalt.

In der deutschen Literatur Oesterreichs stehen augenblicklich die Frauen in erster Linie: der Ebner-Eschenbach hat man bei uns heute keinen ganz ebenbürtigen männlichen Schriftsteller an die Seite zu setzen. Wer sich an geschichtliches Denken gewöhnt hat, der sieht hierin vielleicht mehr als einen bloßen Zufall. Er erinnert sich, daß der älteste Dichtername in Oesterreich einer Frau angehört (Frau Ava); daß im siebzehnten Jahrhundert nur ein paar Frauen sich um die eigentliche Dichtung bemüht haben; und daß hervorragende Kenner einen frauenhaften Zug in der deutsch-österreichischen Literatur überhaupt beobachtet zu haben glauben. In einem Zeitalter, das den Frauen die unbeschränkte Bethätigung ihrer Talente auf dem literarischen Gebiete gestattet, hatte die Frau auf diese Weise in Oesterreich von vornherein einen kleinen Vorsprung voraus, den sie nicht bloß tapfer behauptet, sondern noch um ein Stück erweitert hat.

Unter den Männern stehen gegenwärtig Rosegger und Saar in dem Schmuck des grünen Lorbeers, den die Mitwelt hier nicht gewohnheitsmäßig den Jubilaren, sondern wirklichen Dichtern geflochten hat. Sie haben bei anscheinendem Gegensatze doch manches Gemeinsame: denn Rosegger ist nicht ganz so ursprünglich, wie er aussieht, und Saar umgekehrt vollsaftiger und kerniger, als seine gebildetere und vornehmere Form auf den ersten Blick erkennen läßt. Rosegger ist ein specifisch österreichischer Schriftsteller; seine Bücher erscheinen in Oesterreich und sie haben sich und ihrem Verfasser nicht bloß ein Publicum, sondern auch eine Gemeinde erworben. Rosegger ist in seiner Heimat populär und er beginnt allmählich, seitdem der kräftigere Anzengruber mit seinem breiten Rücken dort dem Oesterreichischen eine neue Gasse gebrochen hat, auch in Deutschland, wenigstens auf das Lesepublicum, zu wirken. Saar ist nicht in so günstiger Lage; er gehört zu den Schriftstellern,

2

von denen Lessing gesagt hat: sie möchten weniger
gepriesen und mehr gelesen sein. Nur eine kleine
Zahl feingebildeter und warm fühlender Altwiener
Familien bildet den Grundstock seines Publicums;
und obwohl seine Bücher alle in Deutschland er=
schienen sind, hat er dort kaum je ernste Beachtung
gefunden. Und doch hätte vor vielen anderen Oester=
reichern gerade Er auf eine allgemeinere Geltung
Anspruch machen dürfen.

Ich halte nicht viel von den Klagen öster=
reichischer Schriftsteller über Zurücksetzung in
Deutschland. Denn einmal ist Grillparzer nicht
bloß in Deutschland verkannt worden, sondern auch
in Wien durchgefallen; und dann hat auch der
Brandenburger Kleist in Preußen nicht aufkommen
können. Aber in Einem Punkte enthalten diese
Klagen doch einen wahren Kern: nämlich in
Bezug auf die dichterische Sprache. Nicht ohne
Grund freilich, aber auch mit sehr viel Eng=
herzigkeit, hat man den Oesterreichern früher ihre
Nachlässigkeit in der sprachlichen Form und ihre
Austriacismen vorgeworfen, und es war damals
schlechterdings unmöglich, daß ein Wiener Dichter

seine Personen reden ließ, wie ihnen der Schnabel gewachsen war. Jetzt kommt aus dem naturalistischen Lager auf einmal Contreordre: jeder soll nun schreiben wie er redet, die Schriftsprache heißt der papierene Stil. Die Oesterreicher, die man früher Sprachverderber gescholten hat, können es jetzt den Berlinern in der Naturfärbung der Rede gar nicht mehr gleichthun.

Solchen zwiespältigen Anforderungen gegenüber nimmt Saar insofern eine eigenthümliche Stellung ein, als er einer der ersten unter den nachmärzlichen Oesterreichern gewesen ist, die sich die Pflege ihres sprachlichen Stiles angelegen sein ließen. Nachlässigkeiten und unabsichtliche Austriacismen fehlen bei ihm zwar nicht ganz, aber sie sind, im Vergleiche mit anderen österreichischen Schriftstellern, verschwindend selten. Er hält auf sich, auch in dem Aeußeren. Und wenn er, schlicht in Gesinnung, Denken und Handeln, mit seinem altösterreichischen Herzen gern bei den niederen Ständen verweilt, so bleibt doch auch der Ausdruck dieser Empfindungen immer vornehm; mit dem Herzen läßt er sich herab, aber die Form

4

hält ihn aufrecht. Wenn er in einer ſeiner älteren
Novellen einmal einen Omnibus oder einen Stell-
wagen beſteigt, ſo vermeidet er wenigſtens das
triviale Wort und behilft ſich mit der claſſiciſtiſchen
Umſchreibung „gemeinſchaftlicher Wagen"; in den
letzten Novellen heißt es auch bei ihm ſchon: „Omnibus". Die „Moderne" kommt ihm auf dieſem Wege
begreiflicherweiſe nicht entgegen; er entfernt ſich von
ihr um ebenſo viel, als von dem Bummelſtil
der vormärzlichen Oeſterreicher. Die Modernen
werden ſagen: Saar habe ſich zwiſchen zwei
Stühlen auf den Boden geſetzt. Künftige Gene-
rationen werden vielleicht billiger urtheilen: er
habe zwiſchen zwei Extremen, ſeinem individuellen
Geſchmack und ſeinem perſönlichen Charakter ge-
mäß, die Mitte zu halten geſucht.

Denn Saar's Stil iſt ganz der Ausdruck
ſeiner Perſönlichkeit, die ſich immer in höchſt ver-
bindlichen Formen darſtellt, aber ſich niemals ganz
ausgibt. Er iſt ein gern geſehener Gaſt in den
Häuſern der Reichen; man trifft aber den Sohn
und den Freund Altwiens nur dort, wo ſich in
moderner Form die Altwiener Gemüthlichkeit er-

5

halten hat. Jede ſeiner Dichtungen hat er einer
Perſönlichkeit aus den beſten Wiener Geſellſchafts-
kreiſen gewidmet; dieſe Widmungen geben zugleich
einen Ueberblick über ſeine geſelligen Beziehungen.
Saar iſt zeitlebens ein Freund edler und ſtolzer
Frauen geweſen; aber auch für ihre Schönheit
hat er überall, im Salon und auf der Straße,
den ſcharfen und ſicheren Blick des Soldaten und
den regen Gaumenreiz des Wieners bewieſen. Ein
ſtarker Tropfen aus dem Blute der volllebigen
Helden Bauernfeld’s iſt Saar ſelber und ſeinen
Helden eigen, die nach der entgegengeſetzten Seite
wieder an Grillparzer’s einſilbige und einſchichtige
Sonderlinge erinnern. Denn die Paläſte ſind für
den Dichter nur Abſteigequartiere, aus denen er
ſich bald wieder in die ländliche Einſamkeit flüchtet.
Die verbindlichſte Form täuſcht uns keinen Augenblick darüber, daß dieſer Mann im Getriebe des
Salons ſich für ſich ſelbſt behält. Selber welt-
fremd und leutſcheu, hat er auch als Dichter mit
Grillparzer die Vorliebe für die einſamen Naturen
gemein, die aus der eigenen mehr paſſiven als
activen Anlage fließt. Auch Saar hat ſeinem

6

erſten Drama als Motto die Worte Seneca's
vorausgeſchickt: Velle non discitur, die jeder
moderne Biograph vor Grillparzer's Leben und
Werke ſetzen könnte. Wie Grillparzer iſt auch Saar
ein echter und rechter Spaziergänger von der
Sorte, die nur in Wien gedeiht und die man
anderswo gar nicht kennt. Denn wenn ſich der
Norddeutſche einmal aufs Bummeln verlegt, dann
hat er immer ein beſtimmtes und bewußtes Penſum
im Kopf und vor Augen: Ewald von Kleiſt
geht auf die Bilderjagd, Börne ſucht auf den
Gaſſen Stoff für den Demokratismus, Heine
copirt den Pariſer Flaneur, Nietzſche ergeht ſeine
Gedanken. Grillparzer und Saar bummeln ohne
beſtimmtes Programm; jedem Eindrucke, jeder
Stimmung, jedem Gedanken hingegeben, der ihnen
auf dem Wege zufällig entgegenkommt; aber weit
entfernt, etwas zu ſuchen. Grillparzer hat dieſe
edle Form der Gedankenloſigkeit, dieſen Zuſtand
des leeren Sinnens, für den der junge Goethe
das ſchöne Wort „Dumpfheit" noch in gutem
Sinne gebrauchte, für fruchtbarer und tiefer er=
klärt als den des klaren, aber kalten Gedankens.

7

Auch Saar findet nur, wo er ganz sich selbst überlassen ist, jene „ernsteste Sammlung", die seine Muse verlangt. Mystische Anwandlungen sind ihm auf diesem Wege so wenig gekommen wie Grill- parzer; sie waren beide mit einem Tropfen jose- finischen Oeles gesalbt, und Säbel und Krumm- stab liegen für Saar nicht nebeneinander, son- dern einander gegenüber (Haus Reichegg). Was vielmehr auf diesen einsamen Spaziergängen aus trübem Nebel langsam und allmählich hervortrat, das waren dichterische Gestalten und Motive, die sich immer wieder neu und doch mit unverkennbar ähnlichen Familienzügen einstellten. Denn wie die muntere Welt Bauernfeld's, so ist auch die ernste Welt Saar's nicht sehr bunt und vielgestaltig; es sind immer wieder dieselben Gestalten, die er aus seinem Inneren heraufholt, und die gleichen Formen, in denen er sie beschwört. Auffällig ist dabei die für einen Oesterreicher schier unerhörte Schwer- fälligkeit und Peinlichkeit der Production. Seine Landsleute schleudern ihre Sachen gern aus dem Aermel; Saar gibt auch das Kleinste nur sauber geglättet aus der Hand. Seit Jahrzehnten hat er

Zeit und Kraft völlig in den Dienst seiner Muse gestellt; aber es ist erstaunlich, wie wenig bei dieser Abgeschlossenheit und steten innerlichen Arbeit nach außen fertig hervorgetreten ist. Dieses bequeme Sichgehenlassen bei der äußeren Arbeit ist wiederum echt österreichisch, gerade so wie der Verzicht auf die größeren und höheren Aufgaben, deren Bewältigung nicht bei dem ersten Anlaufe gelingt. Zwar mit dem Drama hat Saar fast zwei Jahrzehnte hindurch ernstlich gerungen, ehe er sich vor zwanzig Jahren fast ganz auf die Novelle und auf die Lyrik beschränkte. Aber auch auf seinem eigentlichen Gebiete war sein Wagen nicht groß, und er ist nicht bloß unfruchtbaren Experimenten, sondern auch den Versuchen in größeren Compositionen beharrlich ausgewichen, während er einst in grüner Jugend Fragmente zu Faust seinem Liebling Lenau nachgedichtet hatte. Auch das größere epische Gedicht, von dem in „Lieutenant Burda" die Rede ist, dürfen wir wohl dem jungen Saar zuschreiben; es behandelte in dem Stile von Schulze's Bezauberter Rose die Liebe einer Königstochter zu einem Knappen, der sich zuletzt

9

natürlich gleichfalls als Königssohn entpuppt. Ueber ein Idyll „Elsbeth", nach dem Muster von Goethe's „Hermann und Dorothea", berichtet Saar's Biograph Bettelheim. Das ist aber auch alles, was wir von den ersten Orientirungsreisen seines Talentes wissen. Seitdem er 1865 in dem „Innocens" die ihm gemäße Richtung auf das moderne Leben und auf die Novelle eingeschlagen hatte, blieb er in diesem Geleise und gestattete sich nur noch lyrische Seitensprünge. Denn auch die später erschienenen Dramen gehören noch der Frühzeit seiner Dichtung an; während er als Lyriker reich und streng genug war, um eine erste Auflage der Gedichte zu verwerfen, glaubte er auf dem Gebiete des Dramas seine Erstlinge schonen und unter Glas bringen zu dürfen, auch nachdem er neue dramatische Pläne wohl für immer aufgegeben hatte. In einem Wiener Kaffeehause warf einmal ein Theaterdirector vor etlichen Dichtern die Forderung hin: Ein dramatisches Märchen schreiben, das verlange das Publicum jetzt! Die Anderen machten nachdenkliche Gesichter; ich glaube, sie überlegten sich's wirklich, ob das nicht auch für

sie zu wagen wäre. Nur Saar antwortete sogleich
kopfschüttelnd und gar nicht empfindlich: „Das
kann ich nicht!" Es war nicht bloß die sichere
Selbstkenntniß des Meisters, sondern auch der
geringe Wagemuth und ein kleines bißchen alt-
österreichischer Trägheit, das ihn jeden Versuch
von vornherein und rundweg ablehnen ließ.

<hr />

11

Die Dramen.

Die beiden ersten Dramen von Saar, beide
erst 20 Jahre später erschienen, bieten nicht bloß
in der skizzenhaften Form, sondern auch in den
Motiven und Charakteren auffallende Ueberein=
stimmungen dar.

Das erste hat seinen Titel „Tempesta"
(1859/60, gedr. 1881) von dem berühmten Marine=
und Wassermaler, der in einem Anfalle von Eifer=
sucht den Nepoten eines Cardinals getödtet hat
und mit seiner schönen Frau vor der Inquisition
fliehen muß. Bei dem Grafen Borromeo am
Lago Maggiore findet er Schutz und Schirm,
aber zwischen dem Grafen und der Frau spinnen
sich zarte Beziehungen an, die der eifersüchtige
Gatte bald durchschaut; als ihm die Häscher auf
die Fersen kommen, glaubt er sich von dem Grafen
verrathen und ersticht seine Frau, während er

selber der Inquisition verfällt ... Die Handlung
ist nicht frei von Unwahrscheinlichkeiten und in
ihrem Verlaufe vielfach abhängig von Zufällen
und Mißverständnissen. Die Hauptsache für den
Dichter bildet das seelische Drama, das sich dort
abspielt. Und zwar liegt in dem Verhältnisse zu
dreien der Hauptaccent nicht, wie der Titel irre=
führend sagt, auf dem Gatten, dessen Charakte=
ristik zu sehr starken Strichen herausforderte. Er hat
ja schon in Rom einen aus Eifersucht gemordet!
er ist Othello in zweiter Potenz, wie sein Name
wirklich ganz tempestà! Sein feuriges südliches
Temperament setzt ihn gleich in helle Flammen;
in rascher Steigerung schreitet er vom Zweifel
zum Argwohn und zur leidenschaftlichsten Eifer=
sucht fort. Das alles ist mit kräftigen, aber derben
Strichen mehr angedeutet als ausgeführt. Die
feinere Arbeit verwendet der Dichter auf die Mo=
tivirung des seelischen Ehebruches, den er gerade
in der Zeit der schmutzigsten französischen Ehe=
bruchsdramen sehr fein und zart, echt Saarisch,
als bloße Gedankenschuld zeichnet. Nicht Tempesta
also, sondern die Liebenden sind die Helden des

13

Stückes; und mehr auf sie, als auf ihn bezieht sich das Motto aus Seneca: „Wollen lernt man nicht."

Der Graf ist, was Saar sonst eine „volllebige" Natur nennt. Leichtsinnig und rasch entzündlich, hat er viele Liebschaften hinter sich, er ist ein älterer und gesetzterer Zwillingsbruder von Lessing's Prinzen, wie dieser Mäcen- und Kunstliebhaber, und auch von einer Orsina (der Marchesa, die Rechte auf ihn zu haben glaubt) ist die Rede. Den Maler nimmt er sogleich auf, als er erfährt, daß er eine Frau mitbringt, und schon bei ihrem ersten Anblicke fängt er Feuer. Trotzdem ihm der sittenpredigende Kammerdiener, der seinen Herrn gern vor neuen Liebeswirren behüten möchte, tüchtig die Leviten liest, kann er nicht widerstehen: er stellt ihr nach, wo er ihr immer begegnet; er umstrickt seine Beute wie Lessing's Prinz mit dem ganzen Zauber der vornehmen Welt, mit Bildern von Pracht und Glanz und mit allen Arten von Galanterie. Er geht so weit, die frivole Forderung zu stellen, sie möge sich von ihrem Manne als Europa malen lassen. Aber gerade als er wärmer

14

für sie zu fühlen beginnt, melbet sich seine im letzten Grunde eble und gute Natur: er beginnt reuig in sich zu gehen und bietet alles zu ihrer Rettung auf, die zuletzt ohne seine Schuld vereitelt wird. Aus den Schlußworten dürfen wir entnehmen, daß er einen Eindruck für das ganze zukünftige Leben mit von der Leiche nimmt . . . Auch in ihr ist die latente Sucht nach Glanz, nach dem Leben in der großen Welt hübsch angedeutet. Sie macht sich selbst den Vorwurf, daß sie vielleicht auch an den dreisten Huldigungen des jungen Römers nicht ganz ohne Schuld gewesen sei. Es ist ihr Schicksal, überall, wo sie erscheint, Liebe zu erregen. Und so bekennt sie zuletzt auch ihrem Gatten die Gedankenschuld gegenüber dem Grafen; aus seinen Galanterien habe sie etwas angeweht, was sie nicht zu verstehen glaubte und doch verstanden hat; nur einen Augenblick habe sie mehr für ihn empfunden, als sie empfinden durfte.

So hat Saar den äußerlich thätigen Charakter seines vermeintlichen Helden vielleicht unbewußt und unfreiwillig, aus dem Instincte des

Novelliften heraus, hinter den innerlichen und lei=
benden Charakteren zurücktreten laffen und anftatt
eines Othello die Gedankenfchuld einer Frau und
ihres Anbeters gefchildert. Auch die Technik diefes
Dramas verliert fich ganz in das Novelliftifche.
Die erften Acte machen gar keine Anftalten zu
äußeren Verwickelungen oder Vorgängen. Hübfch
behaglich und bequem dahinfchlendernd, geben fie
den vorgeführten Perfonen bloß die Gelegenheit,
fich vor den Zufchauern in allen Situationen aus=
zuleben. Die nachläffige Erörterung der früheren
Liebesgefchichten des Grafen (im Gefpräche mit
dem Kammerdiener) füllt den erften Act faft zur
Hälfte aus; in der zweiten Hälfte wird zwar
Tempefta's Ankunft gemeldet, aber der drohende
Conflict nur in dem Tableau des Actfchluffes
angekündigt, das fich der Zufchauer nach den Cha=
rakteren felber auslegen muß. Erft im vierten
Acte wird dann in einem Gegenfpiele ein Hebel
angefetzt und im letzten kommt auf einmal eine
wilde Jagd in die lange ftockenden äußeren Vor=
gänge; drei knapp fkizzirte Scenen, jede von nur
ein paar Seiten, fpielen fich rafch hintereinander

16

ab, doch ist auch hier die eigentliche Handlung auf das knappste reducirt und jedes äußerliche Mittel der Spannung oder der Bewegung ver=schmäht. Man bedauert, aber man begreift es, daß ein Dramaturg wie Laube diese dramatische Skizze zurückweisen konnte, die in ihrem feinen, aber knappen Dialog noch lakonischer und epi=grammatischer ist als Lessing's „Emilia."

In dem Volksdrama „Eine Wohlthat" (1861, gedr. 1887) hat Saar dasselbe Motiv auf bäuerlichen Boden verpflanzt und ihm eine andere Wendung gegeben. Wie im „Tempesta" gibt auch hier eine Wohlthat den äußeren Anlaß, den Wohlthäter mit der Empfängerin in Verdacht zu bringen. Wie dort, bestärkt auch hier der Cha=rakter des Wohlthäters diesen Verdacht. Eine Reise des Wohlthäters vermehrt die Verwicke=lungen. Die Scenen mit dem Bedienten und der Rechenschaftsbericht des Intendanten dienen hier wie dort zur Exposition der Charaktere und der Motive . . . Neu ist aber das Motiv, das an die Stelle des Ehebruches tritt. Die des Treubruches Beschuldigte ist hier völlig unschuldig, sie hat sich nicht einmal eine Gedankenschuld vorzuwerfen, sie fällt dem bloßen Gerede und der Verleumdung zum Opfer.

Ein wohlthätiger Gutsbesitzer stattet eine arme Dirne in seinem Dienste aus. Sie kommt mit ihm ins Gerede. Ihr Liebhaber verläßt sie und sie wird, von allen Seiten abgewiesen, in den Tod getrieben ... Das ist das einfache Motiv, das Saar mit dem Aufgebote seiner ganzen Kraft, aber wiederum mehr mit novellistischen als mit dramatischen Hilfsmitteln glaubhaft zu machen unternommen hat.

Der wohlthätige Baron wird also in der Exposition sichtbar vorgeführt: er ist nicht bloß von blinder Freigebigkeit, fast ein Verschwender, sondern er hat auch eine lose Vergangenheit wie der Graf im „Tempesta"; er steht bei seinen Bauern im Rufe, schönen Dirnen so wenig abhold zu sein wie sein verstorbener Vater. Gerade diesesmal aber trifft ihn der Verdacht ungerecht; denn nach dem Tode seiner Braut, seiner ersten wahren Liebe, hat sein Charakter eben eine Wendung zu tieferem Ernste genommen — solche Züge von

tragischer Ironie kommen bei Saar öfter vor.
Aber auch äußerlich wird die Mißdeutung der
Wohlthat vorbereitet durch den vorausgreifenden
Verdacht der bösen Bäuerin: der Baron, bei dem
sie ja im Schlosse gewesen sei, möge ihr nur eine
Aussteuer geben! So wird, was sich später auf
der Bühne wirklich ereignet, schon im voraus
einer bösen Auslegung preisgegeben. Und nun
kommt eine Reihe von Zufällen, ohne die auch im
Leben nirgendwo ein guter Ruf untergraben wird.
Der eifersüchtige Konrad muß just vorüberkommen,
als der Baron die in lauten Dank ausbrechende
Dirn ans Kinn faßt; von ihm erfährt es brüh=
warm ihr Geliebter Lorenz, noch ehe sie ihm selbst
etwas sagen kann. Sehr glücklich und psychologisch
fein, für eine Bauerndirne vielleicht gar zu fein,
ist dann die Scene, wo der Bauernsohn Franz,
der ihr nachstellt, und dem als erstem sie ihr
neues Glück mittheilt, durch die allbereite üble
Auslegung der Wohlthat sie einschüchtert und ihr
Gefühl verwirrt, so daß sie ihrem Geliebten nur
mehr zaghaft und unsicher entgegentritt und da=
durch erst recht den Verdacht eines schlechten Ge=

wissens erregt. Entscheidend für ihn aber ist das
etwas spät angedeutete Motiv, daß sie nicht mehr
rein ist: gerade weil sie sich ihm hingegeben hat,
glaubt er auch nicht an ihre Unschuld gegenüber
dem Baron. Den einzigen Zeugen, auf dessen
ehrliches Wort sie sich noch berufen könnte, weiß der
Dichter etwas gewaltsam aus dem Wege zu
räumen: der Baron ist sogleich nach der Wohl=
that abgereist und verunglückt . . . Nachdem er
auf diese Weise, vielleicht etwas zu absichtlich,
sich alle inneren und äußeren Thatsachen zurecht=
gelegt hat, spielen sich vor unseren Augen in einer
Flucht rasch gesteigerter Scenen, für welche die
Gretchentragödie das Vorbild abgab, die Seelen-
qualen der verzweifelten Gefallenen und Kindes=
mörderin ergreifend ab. Der gutmüthige Pfarrer
weist sie in momentaner Aufwallung ab, als sie
sich ihm anvertraut. Der Wirthin dagegen ist sie
als Schankmädel gerade recht, weil sich eine schon
Gefallene von den Gästen auch wieder was ge=
fallen läßt. Wie sich das Schicksal und der Cha=
rakter Gretchens in anderen Geschöpfen wie Lieschen
und Bärbelchen abspiegeln, so wird auch Marie

20

von ihrer Collegin, der Kellnerin, verlacht, daß sie sich grämt, anstatt mit dem Gelde des Wohlthäters froh zu leben. Die Hochzeitsfeier auf der Bühne, während Marie in den Tod geht und der Bote, wie in der antiken Tragödie, ihr Ende meldet, hebt durch den grellen Contrast die Wirkung der Katastrophe.

Saar's „Wohlthat" ist ein Bauernstück aus der Zeit vor Anzengruber, als Auerbach's fein empfindende Dorfbewohner ihren Nimbus noch nicht verloren hatten und von der Birch-Pfeiffer und von Mosenthal dramatisch ausgemünzt wurden. An diesen Vorläufern gemessen, erscheint Saar fast als Realist. Seine Bauern empfinden wohl mitunter feiner, als uns heute in der Zeit nach Anzengruber wahrscheinlich ist, aber sie sind nicht so geistreich wie Auerbach's bäuerliche Spinozisten. Er führt höchstens einmal einen alten Bauern als laudator temporis acti ein; aber auch das ist ironisch zu verstehen, denn der Dichter selbst weiß anderswo recht gut, daß es die sogenannte gute alte Zeit niemals gegeben hat. Sein Stück spielt, wie noch die Anzengruberischen, irgendwo in einer

21

österreichischen Gebirgsgegend; aber das Eisenwerk
verweist uns nach dem mährischen Blansko, wohin
sich der Dichter so gern mit seinen Arbeiten
flüchtet. Seine Bauern reden natürlich noch nicht
den Dialect, der damals auf die Localposse beschränkt war; aber der für den Bauernmund gar
zu knappe und sparsame Dialog Saar's erhält
aus den reichen, aber seinen Mitteln der Umgangs-
sprache eine leise Färbung, die ihn von der Lite-
ratur- und Buchsprache deutlich unterscheidet.
Scharfgezeichnete bäuerliche Typen und Indi-
viduen, wie wir sie seit Anzengruber besitzen, darf
man hier noch nicht suchen; aber einen sehr be-
achtenswerthen Ansatz findet man doch in der
besten Gestalt des Stückes. Das ist der schwarze
und ungestalte Konrad, einer von den Einsamen
und Entsagenden, die später Anzengruber so oft
unter Gottes freiem Himmel entgegengelaufen sind.
Er liebt Marie heimlich und hoffnungslos; Neid
und Schadenfreude kämpfen in ihm immer mit
diesem besseren Gefühle. Er kann die Liebenden
nicht einig und zufrieden sehen; und er wacht doch
wieder eifersüchtig über dem Glücke der Geliebten

22

und ist untröstlich, als er es durch seine Zwischen=
trägerei zerstört hat. Er hetzt ihren Liebhaber auf
und haßt ihn dann doch wieder, als er sie auf=
gibt. Nachdem er die heimlich Geliebte so herunter=
gebracht hat, verliert er sich selbst und kommt
auch selber immer mehr herunter. Diese Gestalt
ist ein Anzengruber vor Anzengruber; aber frei=
lich, was hätte der noch mehr aus ihr gemacht!

Wiederum entspricht die bequeme Technik dem
novellistischen Inhalt. Die ersten Acte gestatten
keinen Ausblick auf das Folgende. Es wird kein
dominirendes Interesse wachgerufen; ja das In=
teresse des Zuschauers wird direct irregeführt in
dem Monologe Konrads, der sich über Wohlthaten
und Wohlthäter ergeht, ehe man noch ahnen kann,
daß es sich nicht um ihn, sondern um eine ganz
andere Wohlthat handeln wird. Ganze Gruppen
von Personen, die später völlig verschwinden und
für die Handlung des Dramas eine bloß episodische
Bedeutung haben, leben sich in der Exposition aus:
der Arzbergbauer mit seiner Familie, der Baron
mit dem Verwalter und dem Bedienten. Erst all=
mählich kommt, nicht ohne viel Klausel und

23

Winkelzüge, die Handlung in Gang, die dann im letzten Acte wiederum in einer Reihe von knappen und kurzen Scenen zum Schlusse eilt. Während andere Dramatiker auch eine in der Exposition zersplitterte Handlung in der Katastrophe zu concentriren trachten, balancirt bei Saar die Pyramide auf der Spitze und läuft erst gegen das Ende zu breit aus.

Von solchen noch recht linkischen Skizzen schwang sich Saar in den beiden Dramen von „Kaiser Heinrich IV." (1862 bis 1864, gedr. 1865 und 1867, in verb. Auflage 1872) mit einemmale zur historischen Tragödie hohen Stiles auf. Die zwei Abtheilungen dieses dramatischen Gedichtes bilden nicht ein zusammenhängendes, sondern zwei selbstständige Stücke. Denn nicht erntet der Held im zweiten Drama, was er im ersten gesät; sondern zwischen den beiden Stücken in der Mitte liegt das Gericht über seinen aufrührerischen Sohn Konrad, welches die Voraussetzung für das zweite Drama bildet. Auch das Personal der beiden Abtheilungen ist darum ganz verschieden. Verbunden sind sie nur durch die

24

Person des Helden und durch das Gegenspiel, das er bekämpft; denn die hohe Macht der Kirche, die Heinrich im ersten Theile in der Person Hilbebrands bekämpft, steht ja auch im zweiten hinter den Ränken seines aufrührerischen zweiten Sohnes.

Der erste Theil von Saar's „Kaiser Heinrich IV.", der den Namen des Papstes („Hilbebrand") trägt, behandelt die großen Fragen der Sechzigerjahre, der Zeit des Culturkampfes in Oesterreich, die Frage nach dem Cölibat und nach der weltlichen Herrschaft des Papstes. Kaiser und Papst sind nicht bloß eiserne Vertreter schroff entgegengesetzter Principien; der Dichter hat ihren Gegensatz (wie Goethe den zwischen Götz und Weislingen, zwischen Alba und Egmont) auch menschlich zu motiviren gesucht. Durch Verwechslung bei einem Stelldichein hat der junge Hilbebrand einst die Küsse der Markgräfin Mathilde von Tuscien genossen, die seinem Rivalen Heinrich zugedacht waren; aus diesem lustspielartigen Verwechslungsmotiv leitet Saar die schwersten Conflicte in der Brust des Papstes her. Er begehrt heimlich die

25

schöne Markgräfin, die Heinrich verschmäht hat.
Er ist der Häßliche, der Ungeliebte, dem alle
schönen Menschen ein Dorn im Auge sind. Er
haßt darum auch in Heinrich nicht bloß den Kaiser,
sondern auch den Menschen, den ihm der Dichter
als genußfrohes Weltkind gegenüber stellt, mit den
frischen Zügen, die Shakespeare dem englischen
Heinrich V. verliehen hat. Er, der Heilige, da=
gegen ringt in der Einsamkeit mit unheiligen
Lüsten; und wie etwa der marklose Heine seine
letzte Geliebte mit seinem Gedankenbann zu fesseln
die Kraft hat, so schleppt auch Hildebrand die
Geliebte, die er selbst nicht besitzen kann und
doch keinem Anderen gönnt, in seines Geistes
Fesseln zur Selbstertödtung mit sich hinauf.
Diese Unterdrückung aller natürlichen menschlichen
Gefühle stählt Gregor im rücksichtslosen Kampf
für die Herrlichkeit und Macht der Kirche und
gegen den Kaiser, in dem er zugleich auch den
Rivalen niederwerfen will. Aber gerade die De=
müthigung in Canossa gewinnt dem Kaiser die
Herzen wieder und wird die erste Stufe zu
seiner neuen Größe. So kommt Hildebrand zuletzt

doch um seinen Zweck: „Was hab' ich denn für
mich erreicht? Nichts! Nichts! als unbeweint und
ungeliebt zu sterben!" Zwischen dem Erzbischof
Zacharias Werner's und dem Bischof Ibsen's steht
Saar's Hildebrand als eine der mächtigsten
geistlichen Imperatorengestalten da, welche die
neuere Bühne kennt, groß in der Energie und in
seinem Machtstreben — klein in seinen Motiven,
die Saar in den ersten Acten nur andeutet, weis=
lich aber erst in den letzten Scenen enthüllt.

Des umfangreichen Stoffes ist Saar in einer
streng geschlossenen Composition Herr geworden.
Der Hybris des Papstes (1. Act) jetzt er die des
Königs (2. Act) gegenüber, der für diesesmal
unterliegt und nach Canossa muß. Aber vor der
Scene in Canossa, die den 3. Act schließt, wird
der Sturz des Gegenkönigs in einer isolirten Scene
vorgeführt, die eine doppelte Bedeutung hat. Sie
dämpft zuerst den Fall zu Canossa, den Saar
ganz realistisch, ohne Wilbenbruch'sche Rührselig=
keit darstellt; die Demüthigung des Kaisers, der
keineswegs ohne Macht ist, ist eine freiwillige, aus
Klugheit und Berechnung eingegeben. Darum er=

spart uns Saar auch den letzten Schritt: der Papst darf den Fuß nicht vor unseren Augen auf den Kaiser setzen; nicht einmal geredet wird davon. Andererseits aber bereitet der Sturz des Gegenkönigs auf den raschen Umschwung in der äußeren Handlung vor: Heinrich, den wir am Schlusse des dritten Actes in der tiefsten Erniedrigung vor Canossa sehen, steht am Beginn des folgenden schon wieder als Sieger vor Rom, wo ihm Hildebrand nur durch den Muth des Normannenherzogs Guiscard entwischt. Der letzte Act zeigt dann den völligen Umschlag gegenüber dem ersten; jetzt ist der Papst der von Allen Verlassene, der einsam und mit sich selbst zerfallen stirbt.

Freilich ist diese Geschlossenheit der Handlung nicht ohne Opfer erreicht worden, und die Technik erscheint uns heute mitunter veraltet. Der Schauplatz ist meistens jene wohl bekannte Halle oder Gallerie des alten historischen Dramas, auf die man alles anwenden könnte, was Lessing einst gegen die nicht beobachtete, sondern nur umgangene Einheit des Ortes in der französischen tragédie classique vorgebracht hat. Hier theilen

28

sich die unvorsichtigen Menschen der Vergangenheit ihre geheimsten Gedanken und verschlagensten
Pläne mit und stellen sich gar noch entrüstet,
wenn ein Anderer sie belauscht oder belauert. Die
eine Person erzählt noch sehr gern, was die andere
schon wissen muß, und durch Wendungen wie
diese: A.: „Du weißt es ja!" . . . B.: „Ich will's
noch einmal hören!" verschlimmert sich der Dichter
nur noch selber die Lage. Wie die Kraftmenschen
Hebbel's reden auch Hildebrand und Heinrich
gern und viel von sich selbst. Der schlaue Hildebrand „denkt laut" in offener Halle, läßt den Zuschauer mitunter einen Blick in die Karten thun,
ja er exponirt sich selbst in einer ausführlichen
Selbstcharakteristik. Die Exposition ist überhaupt
noch immer die schwache Seite des Dramatikers,
während doch Laube einmal gesagt hat: „Alle
Oesterreicher exponiren gut." Die ersten Scenen
der Saar'schen Dramen, oft auch die ersten Scenen
der einzelnen Acte enthalten fast durchweg erzählte
Geschichte: man soll erfahren, was vorher oder
inzwischen geschehen ist; wie man es erfährt, ist
dem Dichter gleichgiltig, am gleichgiltigsten in

29

„Heinrichs Tod". Die Vermittlung zwischen den verschiedenen Schauplätzen, also auch die Verbindung der Acte oder Scenen, wird durch Boten besorgt, die freilich auch bei Shakespeare und in Goethe's „Götz" eine wichtige Rolle spielen. Die Fortschritte in der Handlung werden mitunter so schematisch angedeutet, wie in den folgenden Worten, mit denen der fünfte Act von „Heinrichs Tod" beginnt: „Nicht genug, daß man die Kron' ihm nahm — jetzt geht es erst noch an sein greises Haupt", in denen der Inhalt des vorhergehenden und des folgenden Actes in einem Satze zusammengefaßt sind. Manches ist auch noch bloße Rede, was wir heute in Handlung umgesetzt zu sehen wünschten: z. B. jenen Blancus, der die Handlung in „Hildebrand" ganz unthätig begleitet, aber zuletzt dem Papst auch vom Standpunkt der Kirche Christi aus in rhetorischer Ekstase das Urtheil spricht.

Bei dem raschen Fortschritt der Handlung, die, immer nur auf der Höhe der Begebenheiten, in Italien und Deutschland von Schauplatz zu Schauplatz schreitet, mußten begreiflicherweise

massenhaft episodische Figuren und Motive auftreten und verschwinden. Saar bewährt hier die
Kunst, Nebensachen nebensächlich zu behandeln
und doch zu kräftiger Wirkung zu bringen. Er
besitzt Gestaltungskraft genug, um mit wenig
Strichen einen Charakter zu zeichnen: z. B. den
schwachen und trägen Gegenkönig Rudolf oder
den blöd lachenden Böhmen, der noch weniger
redet als Grillparzer's Galomir. Dagegen ist es
ihm nicht gelungen, die Frauen, auf die er offenbar nicht verzichten wollte, in die Handlung zu
verflechten. Eine so wichtige Figur, wie die Markgräfin, spielt lediglich eine begleitende Rolle; man
redet von ihr und zu ihr, aber ihre Rolle ist
eigentlich in der Vorgeschichte schon ausgespielt,
und es wäre besser gewesen, sie gar nicht als so
schattenhaft auf die Scene zu bringen. Von den
beiden anderen Frauen hat zwar jede ihre große
Scene, die aber mit dem Organismus des Ganzen
nur sehr lose zusammenhängt. Die Mutter, die,
ganz in den Geistesfesseln des Papstes, den Sohn erst
verfluchen möchte und dann seine Schuld als
Büßerin und Geißlerin auf sich nimmt, ist dem

Dichter besser gelungen, als die Scene mit der Gattin, die im Tone zwischen Fiesco und Leonore und zwischen Heinrich V. und Katharina schwankt und mit ihren vielen psychologischen Sprüngen für mich keine rechte Glaubwürdigkeit gewonnen hat.

Saar's Jambentragödien zeigen viel gesunden Realismus, sie verleugnen den Einfluß Grillparzer's und Kleist's nicht und bieten auch einzelne Züge von Shakespeare'scher Naivetät. Falscher Sentimentalität geht der Dichter sicher aus dem Wege und er vermeidet kein herbes, ja hartes Wort, wo es die Sache verlangt. Sein Heinrich drückt sich nach dem Tode der Mutter zwar wortreicher, aber nicht minder kräftig aus, als Macbeth nach dem Tode seiner Lady. Gar nicht zu dem üblichen Jambenstil, aber ganz zu Shakespeare's Percy oder zu Kleist's Hermann stimmt es, wenn Heinrich seiner Frau darüber zürnt, daß sie sich nach seinem Kuß den Mund mit der weißen Hand abgewischt hat. Und wie ganz im Stil Kleist's, zwar aus dem Rhythmus fallend, aber dafür um so kräftiger erscheinen uns Wendungen wie diese: „Ja, ja mit eurem ew'gen

32

Beten in Italien!" ober: „Nun thust Du boch, als wär' ich ohne ihn gar nichts!" Aber freilich: Bürger und Bürgerstöchter reden auch hier immer noch in wohlstilisirten Jamben. Keine prosaischen Bürgerscenen nach dem Muster Shakespeare's, keine rohen Massen, sondern wie in Goethe's „Faust" nach Typen georbnete, wohlgegliederte Gruppen. Eine gut bürgerliche Gesinnung meldet sich auch hier bei dem gewesenen Officier.

Nicht zu seinem Schaden berührt sich der Dichter hier mit den Großen und Größten. Sein „Robert Guiscarb" freilich kann nicht mit dem Kleist'schen verglichen werden; denn als Episode und als bloßes Werkzeug des Papstes durfte ihn ber Dichter nicht größer nehmen und Hildebrand nicht über den Kopf wachsen lassen. Auch die Scene in Canossa hat nur eine äußere Aehnlichkeit mit der Demüthigung Ottokars bei Grillparzer. Am nächsten stehen, bei allem Streben nach der Geschlossenheit der historischen Tragödien Schiller's, die englischen Historien Shakespeare's. Wie dieser steht auch Saar trotz den festen sittlichen Maßstäben, bie kein Dichter entbehren kann, künst=

lerisch jenseits von Gut und Böse. Die Guten
stehen nicht auf der einen und die Bösen auf der
anderen Seite. Sein Heinrich hat wie Shakespeare's
Richard II. eine böse Jugend hinter sich. Es ist
ein Kampf der historischen Principien und durch
die Zeit verhärteten Interessen. Wahre und falsche
Anklagen, Schmähreden und Schimpfworte fliegen
wie in den englischen Königsdramen herüber und
hinüber, ehe die Schwerter gezogen werden. Aber
der Dichter selber steht über dem Getriebe der
Leidenschaften.

In „Heinrichs Tod" behandelt Saar den alten
Conflict zwischen dem König-Vater und dem Thron-
folger-Sohn: Schiller's Philipp und Carlos,
Immermann's Peter und Alexis stehen uns dabei
vor Augen, aber am nächsten ist der deutsche
Heinrich IV. doch wieder mit dem englischen verwandt. In den beiden Heinrichsdramen hat eine
seltsame Spaltung und kreuzweise Berührung mit
den englischen stattgefunden. Heinrich IV., der im
ersten Theile die frischen Züge Heinrichs V. bei
Shakespeare trug, gleicht nun als Greis in dem
Charakter und in der Situation dem englischen

Heinrich IV. Umgekehrt hat der Sohn, der deutsche Heinrich V., mit dem englischen nur die hochstrebende Energie, nicht den Humor und das fröhliche Herz gemein, er gleicht in der Verstellungskunst und in der rücksichtslosen Härte mehr dem kalten Politiker Bolingbroke und dem bösen Richard III. Shakespeare's Vater und Sohn haben also in Saar's erstem und zweitem Stück die Rollen getauscht.

Der Anschluß an das erste Stück ist, wie gesagt, nicht eng. Die Voraussetzungen für das zweite liegen nicht in dem ersten Stück, sondern vielmehr in der Hinrichtung des aufrührerischen älteren Sohnes Konrad durch den Vater, die zwischen die beiden Stücke fällt. Den Verrath Konrads etwa in einem mittleren Stück vorzuführen, ging nicht gut an, weil sich sonst dasselbe Motiv in zwei Stücken wiederholt hätte. Der Dichter aber hatte dafür zu sorgen, daß es dem Zuschauer lebhaft zum Bewußtsein kam, wie sich derselbe Vorgang, nämlich der Verrath des Sohnes, hier zum zweitenmale und mit stärkerer Wirkung im Hause des Kaisers abspielt. Er mußte ferner

den Gegensatz in dem väterlichen Gericht fühlbar
machen: den bloß unbesonnenen ersten Sohn hat
er mit Kraft und Härte gerichtet; an dem bösen
zweiten geht er selber durch Schwäche und un-
zeitige Nachgiebigkeit zugrunde. Die Mittel, durch
die uns Saar den älteren Vorgang vergegen-
wärtigt, sind wiederum nicht ganz dramatischer
Natur oder bloße Nothbehelfe. Es wird in einer
einleitenden Scene von Nebenpersonen Geschichte
vorgetragen; fast noch schlimmer ist das alte Re-
quisit der Alexandrinertragödien, der Unheil ver-
kündende Traum, in dem Heinrich voraussieht,
daß Heinz nicht anders als Konrad an ihm handeln
wird — wobei noch der Uebelstand hinzukommt,
daß die Schwäche und Kurzsichtigkeit des Kaisers
noch unbegreiflicher wird, wenn er durch einen
Traum vor Heinz gewarnt ist.

Diese Voraussetzungen einmal zugegeben, nimmt
die Handlung einen raschen und entschlossenen
Fortgang. Starke Contraste sind in den Charakteren von vornherein aufgestellt. Der von Rom
gegen den Vater aufgehetzte Sohn erhält und
übernimmt in böser Absicht den Auftrag, gegen

36

die aufrührerischen Sachsen einzuschreiten (1. Act).
Er verbündet sich aber in Goslar mit den Feinden
des Kaisers und schickt dem Vater die Ankündi-
gung seiner Absetzung, die Heinrich mit Flüchen
im Stil des Lear erwidert (2. Act). Aber Kampf
im offenen Feld ist nicht die Sache des deutschen
Heinz und führt außerdem nicht schnell genug zum
Ziele; der Sohn begibt sich darum als Bittender
in das Lager des Kaisers und versucht es mit
List. In der kühnsten Scene, die Saar geschrieben
hat, gelingt es ihm, den kurzsichtigen, aber ge-
müthvollen Vater durch erheuchelte Reue zu er-
weichen und zum Abzug nach Ingelheim zu bewegen, wo ihm die Aufrührer neuerdings huldigen
sollen. Ohne einen Rest von psychologischer Un-
wahrscheinlichkeit ist es dabei trotz aller Kunst
nicht abgegangen, und der alte Kaiser erscheint
zuletzt doch schwachsinnig und kindisch wie der
alte Moor (3. Act). Größer ist die äußere Un-
wahrscheinlichkeit, daß in Ingelheim keiner der
zahlreichen Krieger, nur ein kluger und treuer
Abt die Vorbereitungen zu der Gefangennahme
des Kaisers und seines Anhanges bemerkt. Hein-

richs erzwungene Abdankung behauptet sich mit allen Ehren neben der großen Scene in „Richard II.": Sohn und Vater stehen sich wie die Vettern Bolingbroke und Richard gegenüber (4. Act). Nach dieser erschütternden Scene erscheint der Kaiser nicht mehr auf der Bühne. Der Schlußact erzählt seinen Tod und stellt sichtbar vor, wie die Feinde des edlen, menschlich großen Kaisers zu bereuen anfangen, während der Sohn seinen Getreuen im Tone Bolingbroke's und des Dritten Richard mit schnödem Undank antwortet.

Mehr noch als im ersten sind in diesem Theile die Nebenpersonen und Episoden bloß skizzirt. Die kirchliche Macht ist hier nicht mehr in einer gewaltigen Persönlichkeit verkörpert, sie greift nur aus der Entfernung von Rom her durch untergeordnete Werkzeuge in die Handlung ein. Eine Max und Thekla-Episode erstickt im Keime. Auf den gegensätzlichen Charakteren des Vaters und des Sohnes beruht hier alles, aus ihnen ergeben sich die stärksten Wirkungen. Besonders Heinz, ein Dritter Richard, aber ohne seinen Humor und ohne seine Ironie, erhebt sich am Schlusse bis zu dämonischer Höhe

38

und ist doch stets von der Karikatur ferngehalten. Er führt seinen Anhang vor die Bahre des Vaters, dessen menschliche Größe er erkennt und anerkennt: „Er war zu gut für Euch — jetzt habt Ihr mich!" Er endet einsam und losgelöst von allem Menschlichen wie Hildebrand, in dem Bewußtsein, „mit starrer Brust ein finsteres Sein zu erfüllen". Wie sagt Richard von York? „Sonst sei diese Brust von Stein und leer mein Herz, ich bin ich selbst allein!"

Man kann von Saar's Heinrichsdramen heute nicht reden, ohne sie mit denen Wildenbruch's zu vergleichen, die, während die Saar'schen niemals aufgeführt worden sind, in Berlin einen so lauten Bühnenerfolg und auf völlig verfassungsmäßigem Wege den Schillerpreis errungen haben, der ihnen auf das nahezu einstimmige Gutachten der Commission hin gebührte. Wildenbruch erscheint ganz gewiß als das stärkere Theatertalent; Saar aber ebenso gewiß als der bedeutendere Dichter. Saar hat den gewaltigen Stoff in zwei geschlossenen Stücken zusammenzufassen verstanden; bei Wildenbruch beginnt und schließt

39

faſt in jedem Acte ein neues Intereſſe und ein neues Stück. Seine Trilogie iſt eine Reihe auf den Effect gearbeiteter und auch wirklich meiſtens ſehr effectvoller Acte und Scenen. Geſchichtliches Leben iſt trotz allem hiſtoriſchen Lärm nicht darin; die politiſchen Gegner ſchimpfen zwar wie bei Shakeſpeare und bei Saar aufeinander los, aber man weiß oft nicht warum. Ein ſo entſcheidender Schritt wie der Gang nach Canoſſa wird nicht aus politiſcher Nothwendigkeit, ſondern aus einer momentanen Rührung abgeleitet. Und Rührſcenen, denen Saar ſo vornehm aus dem Wege geht, müſſen auch ſonſt mithelfen: eine Kaiſerin, die ihrem Manne höchſteigenhändig einheizt, verfehlt nicht einmal bei denen ihre Wirkung, die ſonſt die Frau nicht gern zur Magd erniedrigen laſſen. Gute Anläufe werden zur Charakteriſtik genommen, aber nicht feſtgehalten; und während Saar die Nebenfiguren in ihren Schranken zu halten weiß, nehmen ſie bei Wildenbruch immer wieder große Bedeutung in Anſpruch, um gleich darauf zu verſchwinden. Geſchichtlich hat ſich Wildenbruch nicht über Raupach, dichteriſch nicht viel über

40

Kotebue's Trauerfpiele erhoben. Mir thut es auf-
richtig leid, daß ich über diefe Arbeit eines Mannes,
von dem wir Alle für das gefchichtliche Drama
einftmals fo viel erwartet haben, nach beftem Wiffen
und Gewiffen nicht günftiger urtheilen kann.

Von den öfterreichifchen Bühnen wird die neue
Dichtung fo gut wie die alte fchon von vornherein
durch den äußeren Umftand ausgefchloffen, daß
hier der Papft auf keiner Bühne erfcheinen, ja nicht
einmal fein Name genannt werden darf, während
doch felber Gott Vater im Prolog zu Goethe's
„Fauft" zwar nicht gefehen, aber gehört wird und
es jedem tragifchen Helden erlaubt ift, mit ihm
nach der Befchränktheit menfchlicher Einficht zu
rechten oder zu habern. Mann kann über die Berechtigung und über den Werth der Cenfur fehr con-
fervativ denken, und dennoch eine folche Vorfchrift
als eine zu weit gehende Rückficht betrachten.
Verftorbene Päpfte find hiftorifche Perfönlichkeiten,
fo gut wie andere regierende Fürften; wie dem
Gefchichtsforfcher fo fteht auch dem Dichter das
Recht zu, über fie ein Urtheil zu fällen, fich von
ihnen ein Bild zu machen. Was die weltliche

41

Herrſchaft anlangt, ſo iſt man in Oeſterreich vor-
urtheilsloſer als in Preußen, wo bekanntlich immer
noch ein Hausgeſetz verbietet, Fürſten aus dem
Hauſe Hohenzollern auf die Hofbühne zu bringen
und Kleiſt's „Prinz von Homburg" lange Zeit
unmöglich war. Oeſterreichiſche Kaiſer und Erz-
herzoge haben dagegen aus der Hofloge des Burgtheaters wiederholt ihren Ahnherrn Philipp II. in
der gehäſſigen Beleuchtung geſehen, in die ihn
Schiller als Kind der Aufklärungsperiode gerückt
hat, und ſie haben im Wallenſtein das Haus
Oeſterreich übel mitgenommen geſehen. Und nicht
bloß gebildete Prinzen, jeder Theaterbeſucher in
Oeſterreich weiß die äſthetiſche Wahrheit von der
hiſtoriſchen zu unterſcheiden. Es fällt heutzutage
auch keinem Schulknaben mehr ein, Philipp II.
einfach auf Grund des Schiller'ſchen Dramas zu
verurtheilen oder umgekehrt die Berechtigung der
dichteriſchen Geſtalt auf Grund der hiſtoriſchen
Wahrheit zu beſtreiten. So weit haben wir es in
der äſthetiſchen Bildung denn doch gebracht, daß
wir in einer dramatiſchen Figur nichts anderes
ſehen als den ſubjectiven Verſuch des Dichters,

ihre Handlungen menschlich zu erklären, nicht zu zeigen, wie sie wirklich gehandelt hat, sondern wie sie möglicherweise gehandelt haben könnte. Nun sind die Päpste zwar „Heiligkeiten", so lange sie regieren; aber nicht alle Päpste werden auch nach ihrem Tode heilig gesprochen. Schon viele haben sich sogar von Seiten der kirchlichen Historiker ein recht abfälliges Urtheil gefallen und sich vor= werfen lassen müssen, daß sie die Interessen des Glaubens und der Kirche nur schlecht verstanden und gewahrt hätten. Und da sollte es von vorn= herein ausgeschlossen sein, daß ein Dichter öffentlich die Frage aufwerfe, wie sich dieser oder jener Papst den Anforderungen des Staates gegenüber gezeigt habe? Der Paragraph der österreichischen Censurvor= schrift ist ein vormärzlicher Atavismus, den man am liebsten bald in dem ungeheuren Papierkorbe ver= schwinden sähe, der seit den Tagen des „Culturkampfes" so viele ähnliche Schriftstücke aufgenommen hat, ohne daß die wahre Religiosität darunter gelitten hätte. Die Tyrannenagenten haben den Monarchien nicht geschadet, und so werden auch die Päpste auf der Bühne dem Papstthum nichts anhaben können.

43

Saar's Erstling hatte Laube barsch zurück-
gewiesen, sein Volksstück der Geschäftsmann
Strampfer gar nicht gelesen; die historische Tragödie hatte von vornherein keine Aussicht, auf
die Bühne zu kommen, weil man in dem „Cul-
turkampf" die ästhetische Cultur vergessen hatte.
Saar hatte das Bewußtsein, Bedeutendes geleistet
und selbst den Beifall Grillparzer's geerntet zu
haben; er hätte nur noch einmal einen Satz
machen dürfen, wie der von der „Wohlthat" zu
den Heinrichsdramen war, um auf dramatischem
Gebiete in der vordersten Reihe festen Fuß zu
fassen. Nun aber verlor er den Muth, und nicht
einmal der große Erfolg, den er inzwischen mit einer
Novelle errungen hatte, brachte ihn wieder an die
Arbeit. Er verstummte für eine Reihe von Jahren,
wohl auch, weil er durch die beiden gleichzeitigen
Treffer auf dem Gebiete des Buchdramas und der
Novelle die Anforderungen an sein Talent hoch
gesteigert sah. Und das Drama „Thassilo", das
er im folgenden Jahre, dem Kriegsjahre 1866,
begann, ist gar erst zwanzig Jahre später erschienen, nachdem die großen politischen Ereignisse

44

ihm ſchon vor der Geburt den Boden entzogen
hatten.

Der Bayernherzog Thaſſilo hat dem Kaiſer
Karl vor langer Zeit den Unterthaneneid geſchworen — aber mit dem an die kurz vergangene
Heidenzeit erinnernden Hintergedanken, ihn nicht
zu halten. Der kluge Kaiſer hat bisher nicht Ernſt
gemacht; erſt nachdem er ſich alle anderen Stämme
unterworfen hat, fordert er auch den Bayernherzog zur Huldigung auf. Im Vorübergehen will
er ſelber nach Regensburg kommen und ihm den
Schwur der Treue abnehmen, wie Rudolf dem
Ottokar oder Hildebrand dem Kaiſer Heinrich.
Den Conflict drückt Thaſſilo in den ſpartaniſch
kurzen Worten aus: „Ich? Nein, das thu' ich
nicht!“ In der Huldigungsſcene (III. Act) tritt
Thaſſilo dann als der hervor, der erſt iſt, und
offener Kampf iſt die Folge.

Langsam und allmählich führt uns Saar auf
dieſen Gipfel der Handlung. Wie zwei ſchwere
Gewitter rücken die beiden Helden aufeinander los,
und über dem zweiten Act, in dem Karls Ankunft erwartet wird, liegt etwas von der dumpfen

45

Schwüle, mit der man König Dunkan auf In-
verneß einziehen sieht. Man ahnt, was kommt,
und mit dem Zusammenprall ist auch das eigentliche Interesse des Stückes zu Ende. Denn im
Gegensatze zu allen übrigen Dramen Saar's ist
hier die Exposition und der Aufstieg der spannen-
dere, interessantere und dramatischere Theil, obwohl es auch hier an erzählter Geschichte nicht
fehlt und die typische Halle mit der unvermeid-
lichen Belauschung so lange als Schauplatz dient,
bis im letzten Acte die Zeltlager aufgeschlagen
werden und sich die beiden Heere in den Haaren
liegen. Eine Reihe von wirksamen Motiven und
Charakteren füllen diesmal die bei Saar sonst recht
leeren ersten Acte aus. Da ist die Scene mit der
Gattin, die, wie Fiescos Leonore, Hermanns Thus-
nelda oder Heinrichs IV. Bertha, ihren Mann
nicht versteht und seinen schlummernden Ehrgeiz
schüren zu müssen glaubt. Da ist Rother, ein
natürlicher Verwandter Karls des Großen, mit
seinen ehrgeizigen, auf den Tod Karls abzielenden
Plänen und mit seiner wilden Leidenschaft für die
Gattin Thassilos. Da ist endlich seine Mutter

Rotrubis, die interessanteste Frauengestalt des Saar'schen Dramas, die als eine Art Fatum oder Schicksalsgöttin durch das ganze Stück wandelt ... Diesen Wirkungen kann die zweite Hälfte des Stückes nicht die Waage halten. Es wiederholt sich zunächst, freilich mit veränderten Rollen, die Scene mit der Gattin: sie, die ihren Thassilo jetzt ganz versteht, ist nicht mehr die Schürende, sondern die liebend Besorgte. Es werden aber auch eine Reihe neuer Motive eingeflochten, die zu keiner rechten Wirkung mehr gelangen, obwohl sie mit dem Thema in näherem Zusammenhange stehen als die der ersten Hälfte. Verräther unter den Leuten Thassilos stellen einen Gegenherzog auf, dessen episodische Scenen an den Gegenkönig Rudolf in Heinrich IV. erinnern. Aber auch der Kaiser Karl erfährt die Schläge des Geschickes: den Abfall seines Sohnes, der noch andere Stämme mitzureißen droht, wie Thassilo dem Kaiser prophezeit hat. Karl selber wirft sich vor: er habe Blut gesät — und Blut geht nun auf! Thassilo wird zwar im Kampfe ermordet, aber gegen den Willen und Befehl Karls. Der Sachsenherzog

Wittekind tödtet ihn, weil er es nicht ſehen kann,
daß ein Anderer frei bleibt, wo Er den Unter=
thaneneid geſchworen hat. Dieſes entſcheidende
Motiv iſt, wie man ſieht, ganz unvorbereitet bei
den Haaren herbeigezogen. Thaſſilo kämpft mit
Kaiſer Karl, und Wittekind ſtellt ihm aus ge=
meinem Neid ein Bein. Aber dieſe äußerliche Löſung
des Conflictes iſt nur die Folge der Unſicherheit
und Haltloſigkeit des Dichters ſelbſt, der in der
zweiten Hälfte des Stückes den politiſchen That=
ſachen ſtandpunktlos gegenüber ſteht. Man fragt
ſich vergebens, aus welchen menſchlichen oder
politiſchen Geſichtspunkten er denn die Haltung
des Helden und ſeines Gegenſpielers betrachtet,
oder, künſtleriſch ausgedrückt, was hier Wirkung
und was Urſache vorſtellen ſoll. Ein Kritiker iſt
ſich darum beſonders ſcharfſinnig vorgekommen,
indem er die „tragiſche Schuld" Thaſſilos darin
erblicken wollte, daß er die Avaren ins Land ruft.
Ebenſo gut könnte man den Untergang Gregors VII.
im Heinrichsdrama auf den Umſtand zurückführen,
daß er Robert Guiscard, den Normannen, zu
ſeiner Rettung nach Rom beruft.

48

Von vornherein hatte Saar allerdings einen festen künstlerischen und politischen Standpunkt gegenüber den Charakteren. Bei Thaffilo, der kein pathetischer Jambenheld werden sollte, stand ihm Kleist's Hermann als Muster vor Augen, dessen versteckte Kraft, den Anderen unbekannt und von ihnen unverstanden, sich darin gefällt, sie zu mystificiren. Sicher und fest, voll gesammelter Kraft und voll hoher Spannung, steht er mitten unter den Streitenden für sich allein, geht er seinen eigenen Weg; nicht wie der wortreiche, sprudelnde Rother, der jeder Leidenschaft und jedem Ruhmeskitzel nachgibt, kein Maulheld und auch kein Neider fremden Ruhmes. Mit seinem Rivalen verbanden ihn einst, wie Götz mit Weislingen, wie Egmont mit Alba, wie Hildebrand mit Heinrich, gemeinsame Jugendträume, die der Kaiser weitausschauenden Plänen geopfert hat. Thaffilo hält eigensinnig und hartnäckig an der Stammesart fest, er ist der Sonderpatriot, der decentralisirende Oesterreicher. Kaiser Karl dagegen hat das Ganze des Reiches vor Augen, er ist der centralisirende Großdeutsche. Als Saar sein Drama begann, hatte dieser Gegensatz actuelle Bedeutung sowohl für Deutschland wie für Oesterreich. Etliche Jahre später war Deutschland geeinigt und Oesterreich wenigstens dualisirt. Es ist kein Wunder, daß der Dichter in der zweiten Hälfte das Interesse an dem Thema verlor, das er selber aufgeworfen hatte, und daß man nicht recht weiß, wo er jetzt eigentlich hinaus will.

Dennoch war ein Versuch auf der Bühne mit dem Thassilo vielleicht eher zu wagen als mit dem früher vollendeten „Die beiden de Witt", dem einzigen Drama von Saar, das am 16. December 1878 auf dem Burgtheater, nur mit halbem Erfolge, gegeben wurde (in verb. Auflage 1879 gedruckt). Bei manchen dichterischen Vorzügen krankt das Stück an dem Hauptgebrechen, daß es nach zwei Seiten hin Conflicte eröffnet, von denen dann natürlich keiner eine starke dramatische Wirkung thut.

In den mit den Franzosen im Kriege befindlichen Generalstaaten stehen sich zunächst die Partei der de Witt, die für den Frieden sind, und die Anhänger Oraniens gegenüber, die den

Krieg unter dem Oberbefehle Wilhelms von Oranien wollen und das Volk für sich gewonnen haben. Aber der allzu harten Friedensbedingungen wegen stimmt auch der weise Johann de Witt bald für den Krieg und für den Oberbefehl Oraniens. Oranien liebt de Witt's dem Vater gleichgeartetes, politisch kluges Töchterlein; und Johann hat nicht aus Furcht vor dem anstürmenden Volke, sondern aus Ueberzeugung in den Ruf: „Hoch Oranien!" eingestimmt. Die beiden Häupter der Parteien wollen beide dasselbe und mit den gleichen Mitteln. Sie sind voll von Bewunderung für einander.

Hier liegt also ein Gegensatz nicht vor. Aber hinter dem Rücken der Helden, und diesen unbewußt kämpfen die Verwandten Oraniens, die ihm gern die Königskrone aufzwingen möchten, gegen Cornelius de Witt, den eigentlichen Vertreter der Friedenspartei, seit Johann sich für den Krieg entschieden hat. Dieser Kampf wird mit kleinen Mitteln geführt und bleibt im Hintergrunde: ein fingirtes Attentat auf Oranien wird dem Cornelius in die Schuhe geschoben (man denke an das

Attentat des Mohren im „Fiesco"), das Volk wird aufgewiegelt gegen die de Witt u. s. w.

Ein anderer Gegensatz aber besteht zwischen den Brüdern de Witt. Er ist von vornherein in den Charakteren angedeutet: Johann ist klug und weise, ein echter Politiker; Cornelius von Kindheit auf leidenschaftlich und ungestüm. Dieser Contrast gibt im dritten Acte, wo die beiden Brüder in der Staatenversammlung in der Frage über Krieg und Frieden aufeinander treffen, allerdings das Motiv zu einer großen Scene. Aber diese große Scene hilft dem Dichter doch nur über den Höhepunkt hinweg, da der eigentliche Conflict, nämlich der zwischen den be Witt und den Oraniern, eine dramatische Situation nicht gezeitigt hat. Und wie ist denn der Titel zu verstehen? Sind die „beiden be Witt" die Helden? — aber sie vertreten ja ganz verschiedene Standpunkte. Oder sind sie die Gegenspieler? — aber das Stück führt uns doch den Conflict mit den Oraniern in aller Breite vor!

Jedenfalls besitzt Johann de Witt wenig Eignung zum tragischen Helden, weit weniger als sein leidenschaftlicher Bruder. Ein kluger und weiser Politiker, der die eigenen Fehler und die der Anderen stillschweigend reparirt, mag politisch groß sein, dramatisch ist er nicht. Er thut aus Politik und Patriotismus eigentlich immer etwas anderes, als er will, weil es jetzt nicht an der Zeit ist, seinen Willen durchzusetzen. Er gibt selber immer klug nach und verlangt auch, sehr patriotisch, aber sehr undramatisch, von seinem Bruder, obwohl er von seiner Unschuld an dem Attentate gegen Oranien überzeugt ist, daß er die Strafe der Verbannung auf sich nehme, um das Volk nicht zu reizen. Manches freilich erscheint auch politisch recht anfechtbar. So macht sich de Witt gleich anfangs selber den Vorwurf, daß er seinen Gegner Oranien nicht gegen das Gesetz habe zum Oberbefehlshaber machen lassen, seine Niederlagen wären ihm nicht zum Vorwurfe gemacht worden — die Abstinenzpolitik, die darin besteht, den politischen Gegner sich selber den Hals brechen zu lassen, ist zwar in Oesterreich bis auf den heutigen Tag besonders beliebt, aber gewiß nicht jedermanns Sache. Und zuletzt muß dieser vorsichtige

Politiker die Zukunft der Republik doch noch in
die Hände des Schicksales legen! Der Zuschauer
hat kein Urtheil, inwieweit seine Schritte, wie z. B.
die Berufung deutscher Truppen, wirklich politisch
weise sind. Er wird für den Helden von vornherein durch die directe Charakteristik aus dem
Munde der Tochter und des Secretärs ein-
genommen, die aber beide nicht unbefangen sind.
Die Ideale aber, in denen er sich mit Oranien
begegnet, bleiben ganz im Abstracten. In der frei-
heitlichen Verfassung Hollands erblicken beide nicht
bloß die Rettung des Vaterlandes, sondern auch
den Schutz der Freiheit Europas. Aber während
wir im „Egmont" mit unseren eigenen Augen
sehen, wie die große spanische Spinne die Frei-
heiten und Privilegien allmählich umspannt und
die Lebensgewohnheiten auch der kleinsten Bürger
umstrickt, finden wir hier nur ein thörichtes,
wetterwendisches Volk, das, von den Verwandten
Oraniens aufgewiegelt, immer blind und im Irr-
thume handelnd, von der niederländischen Freiheit
nur einen schlechten Begriff geben kann. Und wie
soll dieser Oranien die Freiheit Europas schützen,

da er doch in der Vertheidigung seines Vaterlandes Niederlage auf Niederlage erfährt? Ist
das eine tröstliche Perspective, daß Johann de Witt
das Land und seine Freiheit unter seinen Schutz
gestellt hat? Das wird auch nicht besser durch den
Defensivbund, den der kluge Johann mit Deutschland
geschlossen hat; denn die Deutschen könnten ja,
wer weiß, nicht besser sein als die Franzosen?
Wie der „Thassilo", so läßt auch dieses Stück
eine Reihe von ungelösten poetischen und politischen
Fragen zurück. Es will zu viele Interessen, Verwickelungen und Conflicte in dem engen Rahmen
einer knappen und geschlossenen Composition ver-
einigen.

Seinem Ideale von dramatischer Technik ist
Saar freilich hier am nächsten gekommen und das
Gleichgewicht zwischen der ersten und der zweiten
Hälfte hat er hier endlich gefunden. Die beiden
ersten und die beiden letzten Acte bestehen aus je
zwei Scenen, der mittlere liegt mit der großen
Scene der Staatenversammlung wie ein Quer-
balken über ihnen. Innerhalb so schmaler Grenzen
hat die episodische Liebe zwischen Oranien und

55

der Tochter des Volkes ebenso wenig Raum zur
Entfaltung gefunden wie die Thecla=Episode in
„Heinrichs Tod"; wir klagen darum weiter nicht,
denn es wird uns ohnedies nicht warm, wenn
sich ein so kluges Kind im Tone der mystischen
Jungfrau von Orleans auf die Stimme des
Herzens beruft. An erzählter Geschichte fehlt es
auch hier nicht. Dagegen greift Saar in den
Volksscenen diesmal zur Prosa und zu einem
etwas derberen Stil. Das niederländische Local
machte eine genrebildliche Behandlung fast un=
vermeidlich, und das Muster der Bürgerscenen des
„Egmont" verräth sich auch in den einzelnen Fi=
guren. Der alte Invalide erinnert an Ruysum;
der Barbier, der dort, wo es drunter und drüber
geht, stets seine Rechnung findet, hat weniger in
Vansen als in Goethe's Schnaps und in Schiller's
Mohren seine Vorläufer; aber so individuellen
Gestalten, wie die Niederländer im „Egmont" sind,
begegnen wir hier nicht, und allen Figuren fehlt
der sonnige Humor Goethe's.

Im Ganzen darf man sagen, daß sich Saar's
dramatisches Talent, trotz dem großen Wurfe in

den Heinrichsdramen, doch nicht kräftig genug
entfaltet hat, um alle Fesseln des Architektur-
dramas und der Jambentragödie von sich ab-
zustreifen. Der Dichter mag das auch selber ge-
fühlt haben. In den Siebzigerjahren unterzog er die
Heinrichsdramen und die de Witt einer kürzenden
Umarbeitung, die er also doch, wenigstens aus
theatralischen Gründen, für nöthig hielt, während
er an seinen Novellen in den späteren Drucken
kaum ein Wort, nie einen ganzen Satz zu ändern
hatte. Dann brachte er den lang hinausgeschleppten
„Thassilo" unter Dach. Seitdem hat man von
dramatischen Arbeiten und Plänen Saar's nur
wenig gehört. Von „Ludwig XVI." ist nur der
erste Act bekannt und nach langem Stocken endlich der zweite fertig geworden; wir dürfen also
die Hoffnung nicht aufgeben, dem Dramatiker Saar
in der Literatur und will's Gott auch auf der
Bühne wieder zu begegnen.

———

Die Novellen.

Zwischen das Erscheinen der beiden Theile von „Heinrich IV." fällt Saar's erster Versuch auf dem Gebiete der Novelle. Auf dem steinigen Boden, den er gleichzeitig zwar mit Ehren, aber auch mit saurem Schweiß als Dramatiker bearbeitete, pflückte er im Vorübergehen mit leichter Hand eine Edelblume, den „Innocens" (1865). Wie der erste Theil des geschichtlichen Dramas, so behandelt auch die Erstlingsnovelle als echtes Kind der Concordatszeit die Cölibatfrage. Pater Innocens, der als Priester auf dem Wyschehrad bei Prag lebt, aber als aufgeklärter Mann auch die Naturwissenschaften treibt, ist der Ahnherr der josefinisch gesinnten und milden Geistlichen, die in der österreichischen Literatur so oft auftreten und im „Pfarrer von Kirchfeld" ihren populärsten Ausdruck gefunden haben. Auch dem Pater Innocens naht die Stunde der Versuchung,

58

aber auch Er besitzt die Kraft zu überwinden. In
einer Scene von leiser aber unwiderstehlicher
Gewalt contrastirt ihn Saar mit dem unglücklichen Bräutigam, der seine Braut durch den Tod
verloren hat und sich nun in seinem Schmerz in
das Unabänderliche nicht zu fügen weiß. Während
Innocens als Priester dem Anderen zuredet, gießt
er zugleich Oel in die Fluthen seines eigenen
Herzens; so gewinnt er die Kraft zur Entsagung
und heißt nun erst mit Recht Innocens. Aber
dieser Mann, der sich zu einer freiwilligen
Abkehr im Sinne Goethe's hinaufgeläutert hat,
ist im Grunde eine vollebige Natur wie die Helden
der späteren Novellen Saar's; dieser Einsame geht
auch im Denken gern selbstständig seinen eigenen Weg.

Und auch die äußere Form der Saar'schen Novelle
steht hier bereits fertig vor uns. Der Dichter hat
noch als Officier die Bekanntschaft des Helden
gemacht, der ihm seine Geschichte erzählt. Die
Begegnungen des Dichters mit dem Helden und
mit anderen Figuren der Handlung machen, sehr
ausführlich erzählt, fast die Hälfte der Novelle
aus. Der Dichter zeigt sich dabei als einen feinen

Beobachter, dem ins Auge fällt, woran rohere Gemüther gleichgiltig vorübergehen. Die Umgebung des Helden spricht vernehmlich zu ihm, und der Dichter hat uns für ihn gewonnen, lange bevor wir sein Schicksal erfahren haben. Mit einer unübertrefflichen Zartheit und Keuschheit ist die Scene geschildert, wie die einschlafende Geliebte ihm in den Schoß fällt wie eine reife Frucht, und wie er nun mannhaft seine Begierde niederkämpft, ohne sie zu erwecken. Und der Seelenfrieden, die Ruhe und die Klarheit, zu denen der Held sich durchgerungen hat, kommt auch im Ton der ganzen Erzählung zum schönsten Ausdruck.

Während das Trauerspiel des lauten Wiederhalls im Publicum entbehrte und immer auf einen kleinen Kreis feingebildeter Menschen beschränkt blieb, war es gerade sein zarterer Zwillingsbruder, die Novelle, die den Namen ihres Dichters in die weitesten Kreise trug und an ihn die stolzesten Hoffnungen knüpfte. Aber für Saar hatte weder der laute noch der stille Erfolg eine aufmunternde, sondern nur eine niederschlagende Wirkung: jetzt erst recht konnte er sich selbst nicht genug thun und nicht fertig werden. Seine nächste Novelle (Marianne) erschien erst sieben Jahre später (1872), und der Dichter wollte seine Nachrichten einem verschollenen Poeten verdanken, der seinerzeit viel von sich reden gemacht habe, von dem es aber fraglich sei, ob sein Name noch einmal werde genannt werden. Erst von dieser Zeit ab ist Saar fast alljährlich mit einer seiner kurzen Novellen erschienen, die gesammelt im weitesten Druck nur sechs schmale Bände füllen.

Saar's Novellen tragen schon in ihrer äußeren Erscheinung eine unverkennbare Familienähnlichkeit zur Schau und sind wohl am nächsten mit denen von Storm verwandt. Sie gehören fast alle jener besonderen Form der Ichnovelle an, in der der Dichter immer leibhaft gegenwärtig ist, ohne mit dem Helden selbst identisch zu sein. Meistens spielt er die Rolle des Vertrauten, der als Freund und Berather Gelegenheit zur Beobachtung und zur Antheilnahme gehabt hat; nur einmal (S. Hirsch) ist er als ganz passiver Zuhörer unfreiwillig gezwungen, ein Gespräch zu belauschen. Der Dichter erzählt nur, was er erfahren hat; und wir erfahren von ihm nur, was er weiß und wissen kann. Ueber das, was er nicht in Erfahrung bringen konnte, läßt er uns im Unklaren, z. B. über die Art der Katastrophe in „Tambi". Und indem er auch erzählt, wie er allmählich, nach und nach die Sachen in Erfahrung gebracht hat, zerlegt sich die Erzählung von selbst in einzelne Momente. Jede Saar'sche Novelle spielt sich in einer Reihe von Begegnungen ab, die ungefähr den Capiteln entsprechen, und wo beim Zusammenkommen und beim Weggehen immer die höflichsten Grußformeln beobachtet werden. Zwischen den einzelnen Begegnungen liegt immer ein Zeitraum von vielen Jahren und ein Wechsel des Schauplatzes, indem entweder der Dichter nach längerer Abwesenheit an den Ort der Begebenheiten zurückkehrt oder indem er den Personen und Schicksalen auf fremdem Boden ganz unerwartet wieder begegnet. Mit jeder Begegnung aber ist ein entscheidendes Moment in dem Charakter des Helden oder in seinen Schicksalen gegeben; so viel Begegnungen, so viel Stationen auf seiner Lebenswanderung. Fast immer beginnt der Dichter mit der ersten Begegnung,

62

die ihm die Bekanntschaft des Helden eingetragen
hat, dessen erster Eindruck mit scharfer Beobachtung
des Aeußeren wie des Inneren geschildert wird.
Dann begegnet der Dichter anderen Personen, die
an dem Helden und an seinen Schicksalen theil-
nehmen, und die ihm mit ihren Nachrichten weiter
helfen. Mitunter geht er auch von der Katastrophe
aus, die Erzählung nimmt dann den Weg von
hinten nach vorn: so ist er in „der Geigerin"
Zeuge des Ausganges gewesen, und läßt sich nun
erzählen, wie es so gekommen ist; so findet „der
Excellenzherr" am Eingang der Novelle einen Zettel,
die Einleitung zum Stelldichein, die alles erkärt
und den Verschlossenen zum Erzählen veranlaßt.
Sehr hübsch versteht Saar, um das trockene
Schema zu vermeiden, die Einkleidung zu variiren:
der Name „Reichegg", der zufällig genannt wird,
erweckt die Erinnerung an die Schicksale des Hau-
ses, die nun in Form von alten Erinnerungen
eingeschaltet werden und uns schrittweise in wieder-
holten Begegnungen auf die Gegenwart führen,
von der der Dichter ausgegangen ist. So greifen
auch sonst die aufeinander folgenden Begegnungen

63

wie Glieder einer Kette ineinander und der Schluß
führt wieder auf den Anfang zurück.

Der Dichter beginnt die Erzählung im eigenen
Namen („Ich"), aber er verwandelt sich bald in
den theilnehmenden Zuhörer und tritt das Wort
an Andere ab. Meistens erzählt der Held selber
einen großen Theil seiner Geschichte; einige Novellen (Troglodytin, Ginevra) sind eigentliche Ich-
novellen mit einem ganz schalen Rahmen, in dem
der Dichter durch ein paar einleitende und aus-
leitende Worte einfach die Vorstellung besorgt.
Mitunter treten eine oder mehrere Mittelspersonen
zwischen den Dichter und den Leser (Geigerin);
Andere erzählen dann dem Dichter, was sie
von dem Helden und über ihn erfahren haben.
In einzelnen Novellen haben wir es mit
einem dreifachen „Ich" zu thun: der Dichter tritt
in der ersten Person auf und führt einen Freund
ein, dem er das Wort ertheilt, das dieser wiederum
an den Helden selbst abtritt. Der Stil aber, in
dem Saar seine Personen reden läßt, ist keineswegs mimisch. „Nicht mit ihren Worten, aber doch
in ihrem Sinn und wie er es eben im Gedächt-

64

niß behalten hat" (Fridolin), läßt er die eingeführten Personen reden. Die Dirne Ninon, die dem Dichter als angehende Schauspielerin wieder begegnet, darf ihn wohl zur Erinnerung an alte Zeiten mit einem Satz in unverfälschtem Wiener Dialekt begrüßen, muß sich aber dann gleich auf den Ton stimmen lassen, den er selber angibt.

Nur in ganz wenigen Novellen (Schloß Kostenitz, Requiem der Liebe) verschwindet der Dichter ganz, indem er in der dritten Person erzählt; auch hier beginnt er in „Vae victis!" die Erzählung mit dem verhängnißvollen Abend, dessen Voraussetzungen er später nachträgt, um dann wieder auf ihn zurückzukommen. Noch seltener sind die Novellen, in denen der Dichter selbst mit dem Helden identisch ist. In der einen (Marianne) ist das Vorbild des Goethe'schen Werther bestimmend gewesen. Der Held erzählt in Briefen an einen Freund von seiner Liebe zur Frau eines anderen, eines trockenen Menschen. Das Verhältniß nimmt wie im Werther zwischen Frühling und Herbst einen raschen Verlauf; die Briefe reichen vom April bis zum September. Wie dort nehmen ge-

sellige Spiele (die blinde Kuh im Freien) und
häusliche Schilderungen besonderes Interesse in
Anspruch. Auch hier wird die Natur, das Sicht=
bare und das Hörbare in ihr überall zur Stim=
mungsmalerei aufgeboten; Luft, Himmel und Erde
werden vor jeder Scene ausführlich geschildert.
Der Held findet, wie eine Zeit lang auch Werther,
den Genuß im Entsagen. Höhepunkt und Kata=
strophe fallen auf einen Ball, wo die Geliebte an
Herzlähmung in seinen Armen stirbt. Der Held
dieses Wertherromans en miniature, der fast
verschollene Novellist A., ist Saar selbst; und das
Buch, das die Geliebte liest, ist sein Innocens.
Wie unseren Saar, so zieht es auch diesen jungen
Werther immer wieder vom Müßiggang in den
Häusern der Großen und in ihren Salons in die
stillere Gartenwohnung der Vorstadt zur Arbeit
hin; im Verkehre mit Kindern und schlichten Leuten
geht ihm das Herz auf, während er vor der lite=
rarischen und der vornehmen Welt eine gewisse
Scheu nie los werden kann, und vollends zwischen
den hohen Palastreihen der Ringstraße die Men=
schen ihm nur fremd und kalt erscheinen; aus

harten Herzensstürmen flüchtet er sich zuletzt als
Bibliothekar und Archivar zu künstlerischer Arbeit
auf ein einsames Schloß des Fürsten S(alm) nach
Böhmen... In einem anderen Falle ist der Dichter,
der hier in dritter Person redet, mit dem Helden
zwar nicht identisch, aber ihm innerlich gleich. Der
Tonmeister im „Requiem der Liebe", der als Gast
einer vornehmen Familie während des Sommers im
Vorort Döbling wohnt und in ländlicher Zurück-
gezogenheit arbeitet, aber mit seiner Arbeit nur
langsam fortrückt und spät Anerkennung findet —
so wie hier als Helden, so haben wir den Dichter,
der ja auch ein Requiem geschrieben hat, früher
schon ein dutzendmal als Vertrauten des Helden
kennen gelernt.

Denn als solcher ist Saar fast in allen seinen
Novellen in zweifachem Costüm gegenwärtig: entweder erzählt er Erlebnisse aus seiner Soldatenzeit
und dann trägt er auch selber die Uniform; oder
wir finden ihn in Civil als bummelnden Dichter,
der den Soldatenrock ausgezogen und sich literarischen
Hoffnungen ergeben hat, und der nun in einem
Vorstadthaus oder in einem herrschaftlichen Asyl

Muße und Lust zur Arbeit sucht. Selbst wo sich Saar von einem Anderen berichten läßt, trägt der erzählende Mittelsmann diese typischen Züge: auch der ältere und vielgenannte Schriftsteller U . . ., der, um Ruhe und Sammlung zu suchen, auf ein herrschaftliches Gut in Mähren (Blansko) zieht, und dem Saar die Erzählung „Tambi" in den Mund legt, ist niemand Anderer als er selbst. Durch dieses Dazwischentreten des Dichters, der oft noch einen Mittelsmann vorschiebt, werden uns die Gegenstände selbst aber nicht in die Ferne, sondern bei dem discreten Verhalten des Dichters vielmehr in vertrauliche Nähe gerückt. Der Rah= men gehört nothwendig mit zu jeder Novelle von Saar; und wenn er auch nie mit so vollendeter Kunst geschnitzt ist wie von der Ebner=Eschenbach in „Oversberg", wenn man eine gewisse Ein= förmigkeit nicht leugnen kann, so hat er doch immer dazu beigetragen, die Charaktere und ihre Schicksale zu heben und zwischen den einzelnen Novellen Saar's eine Art von Verbindung herzu= stellen. Immer wieder tritt uns der Dichter aus dem gleichen Rahmen wie ein alter Bekannter ent=

gegen, dem wir oft zugehört haben und immer
gern wieder zuhören. Was wird er denn diesesmal
aus seiner Lieutenantszeit bringen? Oder was ist
ihm in der Vorstadt oder auf Blansko in den
Schuß gerannt? Ja, es spinnen sich auch dünne,
aber deutliche Fäden von einer Novelle in die
andere hinüber. Der gelehrte Freund, an den der
Dichter der „Marianne" schreibt, das ist wohl derselbe, den er dann später im „Haus Reichegg"
besucht? Der schönen Stiftsdame, die im „Haus
Reichegg" eine erste Rolle spielt, begegnen wir im
Vorbeigehen wieder im „Lieutenant Burda", und
die Tante im „Schloß Kostenitz" führt den Familien-
namen der Mutter des Dichters (Nespern) und
liest Lenau wie der junge Saar.

Wie der erste, so sind auch die späteren Helden
in den Saar'schen Novellen alle einsame Sonderlinge. Der Altwiener Waldberg (Geigerin) wird
wie der Priester auf dem Wyschehrad trotz seiner
Vollebigkeit zum freiwilligen Asketen. Wie In-
nocenz selbstständig im Denken, aber im Handeln
harmlos wie ein Kind, ist er eine echt Grillparzer'sche Figur, die der Dichter nur dort, wo

sie die Mission übernimmt, den Treulosen zu be=
kehren, zu sehr ins Moralisiren und Raisonniren
fallen läßt. Und genau so ist wieder der „Exzellenz=
herr" ein einsamer Sonderling, den die Menschen
nicht zu schätzen wissen, weil er wie seine Vor-
gänger ein selbstständiges Urtheil über die Welt
und die Menschen besitzt; auch bei ihm wird die
Empfänglichkeit für den Reiz weiblicher Schönheit
ausdrücklich betont, wie sich der vereinsamte Forst=
meister in der „Troglodytin" eine starke Neigung
zum Frauenzimmer selber zuspricht. Ganz bestimmte
Modelle stehen dabei dem Dichter vor Augen, wie
man am deutlichsten an „Tambi" erkennen kann.
Der Dichter Bacher trägt die unverkennbaren
Züge des unglücklichen Bachmayer, auf den neuer=
dings wieder durch den G. Keller'schen Brief=
wechsel die Aufmerksamkeit gelenkt worden ist. Von
einem Aesthetiker (gemeint ist Hettner) ist er als
zweiter Shakespeare ausgespielt, von einem Theater=
director (Laube) aber abgewiesen und auf das
zweite Stück vertröstet worden — das niemals
fertig wird. Um das Vertrauen auf sein Talent
gebracht, erfaßt ihn wilde Verzweiflung, die erst

allmählich in stille Resignation übergeht. Als Kanz=
list bei einem Notar fristet er nicht nur sein Leben,
die gleichmäßige Beschäftigung des Abschreibens
wird sein Ideal. Wiederum einer der Einsamen
und Verkannten, die wie Grillparzer's „Spielmann"
niemand im Leben recht sind, die jeder anders
haben, in dem oder in jenem geändert sehen will.
Von den Menschen abgestoßen, kommt er endlich,
unbildlich gesprochen, auf den Hund: er findet in
seinem Tambi eine treue, anhängliche Seele und
die Gegenliebe zu dem Hunde macht ihn zum
ordentlichen, tüchtigen Menschen und zum fleißigen
Arbeiter. Als ihm der Hund erschossen wird, kommt er
dann wiederum herunter und wird zum Trinker; auf
dem Grab des Hundes findet ihn der Dichter von
dem Hochwasser ertränkt und er läßt die Frage
offen, ob er von den Fluthen überrascht worden
ist oder ob er freiwillig den Tod gesucht hat.
Oefter ist der Grundton des Charakters ein humoristi=
scher, von dem sich die späteren ernsten Wirkungen
dann um so eindringlicher abheben. Der „Lieute=
nant Burda", ein eleganter, in der äußeren
Erscheinung stets tabelloser Officier, lebt in dem

Wahne, daß er von hoher Abstammung sei und von einer Prinzessin geliebt werde. Der Zufall spielt mit ihm und nährt seinen Wahn. Burda erweist sich als ein wahres Genie in Illusionen und Einbildungen, die sich immer steigern, und ist zuletzt als echter Don Quixote bereit, den Kampf mit ganzen Heeren aufzunehmen. Aber auch im höchsten Wahn bleibt er immer noch eine ritterliche Erscheinung, deren Sanguinismus und Optimismus uns fast liebenswürdig erscheint, zumal da der Dichter bestrebt ist, seinen Einbildungen immer wieder eine gewisse subjective Berechtigung zuzuerkennen. Psychologisch anfechtbar ist vielleicht nur der Strahl von Selbsterkenntniß vor dem Tode; aber auch der ist nur vorübergehend, und der Held stirbt in dem Wahn, der ihn noch auf dem Todtenbett tröstet.

Der Held der neuesten Novelle Saar's, „Doctor Trojan", sieht schon im Aeußeren dem Don Quixote ähnlich. Er ist ein verbummelter Arzt, ohne Lernkopf, aber ein wahres Genie als Diagnostiker und Therapeut. Er ist bloßer Internist und eifert gegen die Herrschaft des Messers, die Chirurgie,

denn er hat einen unüberwinblichen Abscheu vor
bem Schneiden ins Fleisch, und schon bei der
ersten Section ist er wie toll davongelaufen. Saar,
der in einer seiner ältesten Novellen („Haus
Reichegg") selber über die neuere Schule der
Aerzte geklagt hat, denen die tieferen Gemüthslaute
der alten fehlten, gibt diesem Falle eine grausig
ironische Wendung. Der Feind des Messers behandelt sein einzig geliebtes Weib an einem An-
thrax und vernachlässigt die nöthige Operation;
zu spät hat er sich aufgemacht, den verhaßten
Chirurgen zu suchen; und der kein Blut fließen
sehen konnte, schneidet sich nun selber an der
Leiche seiner Frau mit einer Sichel den Hals ab.

Ganz abseits von den übrigen Gestalten Saar's
steht die passive Bedientenseele Fribolins, der herr-
schaftlicher Diener nicht bloß aus Pflicht, sondern
aus innerem Beruf ist. Er ist keine vollebige
Natur. Ein einzigesmal hat er es wagen wollen,
sein Glück in der Liebe mit eigenen Händen zu be-
gründen und mit einer Gefallenen nach Amerika zu
gehen. Jedoch sie hat den Gefahren der Weltfahrt
einen alten, aber reichen Müller vorgezogen; und

das war Fridolins Glück! Denn nun wird er von seiner Herrschaft mit einer Frau versehen, die ihn streng unter dem Pantoffel hält, gerade wie es seine an den Gehorsam gewöhnte Seele bedarf.

Wo uns der Dichter dagegen volllebige Naturen vorführt, da geht das Unheil immer davon aus, daß sie sich nicht voll ausgelebt, der Stimme der Natur und des Blutes nicht oder nicht rechtzeitig gehorcht haben. Das ist ein hervorragend moderner Zug in den Novellen Saar's. Namentlich die Frauengestalten stehen unter diesem Zeichen, und er ist ein meisterhafter Schilderer der früh verblühten, weil in ihrem Herzensleben unbefriedigten Frau. Was für ein sanfter und rührender Schimmer liegt schon über dieser Marianne, die in den Armen des einzig Geliebten an Herzlähmung stirbt! In der „Geigerin" führt uns der Dichter drei Schwestern vor, Musikerstöchter, die von der Musik leben und uns äußerlich an die Schwestern Fröhlich erinnern. Die Heldin, die älteste von den Dreien, die Geigerin im Trio, liebt, wie die Uhrmacherin Lotti bei der Ebner-Eschenbach, einen schwachen jungen Menschen, den ihr die Schwester durch ihre Ver-

führungskünste abspenstig macht. In der Liebe betrogen, sinkt sie immer tiefer herunter, wird die
Frau eines herabgekommenen Barons, der sie
zwingen will, ihre früh verblühten Reize zu ver-
werthen, und endet zuletzt durch Selbstmord im
Wasser.

Ebenso geht es der Geliebten des „Excellenz-
herrn", die nicht den Muth gehabt hat, sich zu
ihrer Empfindung zu bekennen, die ihrer altjung-
ferlichen medusenhaften Stiefschwester folgend sich
bei dem ersten Stelldichein wider ihr wahres Gefühl
möglichst zurückhaltend und abweisend gezeigt hat, um
die Aufrichtigkeit seiner Gesinnungen zu erproben.
Sein Stolz antwortet in dem gleichen Tone, und
die für einander Bestimmten gehen auf ewig getrennt auseinander. Sie sieht ihn später flüchtig
in Gesellschaft einer Anderen wieder und gibt einem
ungeliebten Manne das Jawort; auch sie kommt
innerlich immer mehr herunter und stirbt bald
darauf als früh verblühtes Geschöpf.

Und wieder so das „Wienerkind", mit dem der
Dichter einmal flüchtig auf der Straße angebandelt
hat, dessen Einladung zum Tanzmeister Schwott er

aber aus Laune nicht mehr gefolgt ist. Ein paar Jahre hat sie als scheinbar glückliche Bürgersfrau und Mutter am Grund so hingelebt. Dann aber meldet sich das Bedürfniß ihrer Vollnatur, sich auszuleben. Von wilder Liebe zu einem Abenteurer erfaßt, der sich als rücksichtsloser Egoist entpuppt, kommt sie immer tiefer herunter, sucht sich eine Zeit lang als Schriftstellerin über Wasser zu halten, muß sich dann selbst verkaufen, um die Betrügereien ihres ungetreuen Liebhabers zu decken, und stirbt zuletzt an Opium.

Dagegen führt ihr Lebensweg die gefallene „Ninon" zwar innerlich herunter, äußerlich aber hinauf. Die Liebe liegt bei ihr nur im Blut und in den Sinnen, für die sie in den Kasernen ihre Befriedigung sucht; ihr Herz ist von einer dämonischen Kälte. Wie das Wienerkind mit der Literatur, so versucht sie es mit dem Theater, wird dann die Gattin eines nach einem sehr bekannten Modell gezeichneten Schriftstellers, der von einer internationalen Revue träumt, die nun in „Cosmopolis" doch Wahrheit geworden ist, und spielt zuletzt in Paris als die Geliebte eines problematischen Polen, der für einen russischen Spion gehalten wird, eine große Rolle in der Gesellschaft.

In der letzten Novellensammlung von Saar macht sich ein sehr pessimistischer, frauenfeindlicher Zug geltend; es kommen nur mehr schlechte Frauen vor, und es ist kein Zufall, daß der Dichter ein paarmal an Citate aus Schopenhauer anknüpft. Nicht umsonst heißt die Sammlung „Herbstreigen"; ein herbstlicher, herber Zug geht durch das Ganze. Die verblühte Schöne im „Requiem der Liebe", die im Gegensatz zu der unzweideutigen Ninon in so discreten Farben auftritt, entpuppt sich zuletzt auch als genußsüchtige Kokette, die, da sie sich nicht rechtzeitig mit dem Geliebten ausleben konnte, nun seinen grauen Haaren geschickt ausweicht, aber für alle jungen Männer zu haben ist. Allen scharfen psychologischen Analysen geht Saar geflissentlich aus dem Wege; er stellt seine Frauen gern so unergründlich hin wie ein tiefes Wasser, das wir auch bloß an der Oberfläche erkennen. Er gibt nur die Thatsachen, den Schluß auf die Seelen muß der Leser selber ziehen. Auch seine slavischen Dorf-

77

schönen, die bloß aus Instinkt und aus Race handeln, werden nicht ausführlich analysirt. Die „Troglodytin" stammt aus einer begenerirten Familie; sie ist eine Zuchthausprinzessin, der die Faulheit angeboren, das Arbeiten ganz unbekannt ist. Aber als sie der Mann verschmäht, dem sie im Bad ihre ganze Schönheit verrathen hat, da sinkt auch sie noch tiefer herab; zuerst fälschlich der Brandstiftung beschuldigt, wird sie jetzt wirklich zur Brandstifterin. Und ebenso wäre auch die schöne Milada nicht die Beute des Polen und zur Kindesmörderin geworden, wenn Herr Fridolin sich zur rechten Zeit getraut hätte, seine Liebe zu bekennen.

Aber die Vollebigkeit der Saar'schen Helden hat auch ihre Kehrseite. Nämlich die, daß das seelische Element in der Liebe fast nirgend eine ernste Rolle spielt. Die Liebe beruht fast ganz auf den Sinnen. Alle Bekanntschaften werden bei Saar von Fenster zu Fenster oder auf den Straßenecken angeknüpft, durch „Anbandeln" oder „Nachsteigen", wie der Wiener sagt, und auf den Gassen oder im Omnibus fortgesetzt. Die Liebenden

kennen sich kaum anders als nach ihrem Aeußeren,
für das der Dichter besonders bei den Frauen
einen scharfen Blick verräth. Rühmt er sich doch,
Hände, die er nur einmal gesehen hat, nie wieder
zu vergessen! Wenn er nun aber z. B. im „Excellenz-
herrn" die Voraussetzung macht, daß durch den
mangelnden Muth des Mädchens zwei für einander
bestimmte Wesen auf ewig getrennt worden seien,
so glauben wir nicht recht daran, weil ihre Bekanntschaft dazu doch zu oberflächlich ist.

Am meisten wird meines Erachtens die Novelle
„Schloß Kostenitz" durch diesen Mangel geschädigt.
Die junge Frau des alten Freiherrn wird hier
vom Zauber des Militärs so geblendet, daß sie
ein gräflicher Officier bei der ersten Begegnung
willenlos in die Arme schließt, ohne daß sie im
Stande ist, sich anders als durch die Flucht seiner
zu erwehren. Sie gesteht dem Gatten ihre Gedankenschuld und siecht wie alle Frauen Saar's,
die sich nicht ausleben können, rasch dahin, indem sie schon am nächsten Tage einer Gehirn-
entzündung erliegt. Mit der Motivirung dieses
Charakters hat es sich Saar nicht leicht gemacht,

sie ist ihm aber meiner Meinung nach doch nicht überzeugend gelungen. Schon früher offenbart sie dem liberalen Gatten gegenüber ihre Vorliebe fürs Militär, und schon „bei den flammenden Blicken" der vorüberziehenden Officiere fühlt sie sich untreu. Sie wird feuerroth, so oft sie einen Officier sieht, und schwach bis zur Willenlosigkeit, wenn sie ihn ein wildes Roß bändigen sieht. Diese Liebe zur Uniform wäre doch nur begreiflich bei einer stärkeren Betonung des Temperamentes, der Sinnlichkeit. Ganz im Gegentheil aber schreibt ihr Saar von Jugend auf ein zu skrupulöses Gewissen zu, offenbar um ihren raschen Tod vorzubereiten und es zu motiviren, daß Ein Tag Sünde ihrem Leben ein Ende macht. Schwerlich aber hätte sie mit einem so scrupulösen Gewissen einem so frechen Angriff, wie ihn der Graf ohne Einleitung unternimmt, wehrlos Stand gehalten. Auch den Gegensatz zwischen dem alten Manne und der jungen Frau führt der Dichter ins Treffen, wobei uns Grillparzer's Treuer Diener mit seiner Erny vor Augen treten. Mit Bankban hat der Freiherr auch die allzu besonnene, nicht ganz wahrscheinliche

Abrechnung gemein; ohne Rücksicht auf sich selbst, nur zur Beruhigung ihrer Nerven verlangt er bloß den sofortigen Abzug des Grafen, wobei ihm, damit der Graf und Officier sich weiter nichts zu vergeben braucht, eine dienstliche Abberufung zu Hilfe kommt

Nur selten hat Saar eine so starke, in sich selbst sichere Frauennatur geschildert wie in dem tapferen Soldatenkind Ginevra, das so hell und klar in seinem Empfinden und Wollen ist. Ein unbeständiger Officier hat sie noch als Fähnrich in der Garnisonsstadt lieben gelernt, aber in Wien seine Verlobte bald über einer koketten Polin vergessen. Nach dem Tode ihrer Mutter erscheint sie bei dem Geliebten, nicht um als Waise alte Gefühle zu erzwingen, sondern um Abschied zu nehmen und ihre Angedenken zurückzufordern.

Alle Novellen Saar's spielen in der Gegenwart, die meisten umspannen des Dichters ganzes Leben von der frühen Jugend an. Ihre Lieblingssphäre sind die bürgerlichen Kreise; doch ist Saar in einer sehr bedeutenden Ausnahme einmal auch eine Stufe tiefer gestiegen. Die Parias der Gesellschaft, die man zu den Zeiten Goethe's und

M. Beer's noch im fernen Indien suchte, fand man
bald näher bei der Hand in dem sogenannten fünf=
ten Stande, unter den Taglöhnern und Arbeitern.
O. Ludwig hatte das Leben der Dachdecker ge=
schildert, Saar führt uns (1873) unter die Stein=
klopfer, wo sich Anzengruber fast gleichzeitig seinen
urkräftigen Hans holte. Turgenjew hatte den Lear,
Keller Romeo und Julia auf dem Dorfe gefunden. Bei
Saar finden sich zwei einsame Herzen als Stein=
klopfer beim Bau der Semmeringbahn zusammen:
die kluge und selbstständige, ihren Geliebten be=
mutternde Tertschka, eine Zwillingsschwester der
Ginevra, und der minder kluge, aber leidenschaft=
liche Georg. Der Stiefvater, der seiner Stief=
tochter nachstellt, tritt zwischen die Liebenden und
wird von Georg im Streit erschlagen; ein gütiger
Oberst erwirkt im Militärgericht eine milde Strafe,
und die Liebenden kriegen sich zuletzt doch. Keller's
Einfluß ist auch im Stil deutlich. Der Dichter
begrüßt in der Einleitung aus Anlaß des Bahn=
baues den Culturmenschen an der Neige des Jahr=
hunderts; wie Keller erzählt er nur, um zu zeigen,
daß Leid und Lust jedes Menschenherz bewegen,

82

und daß sich die große Tragödie der Welt überall im Kleinen abspielt. Von Anzengruber, dessen
Steinklopfer die Saar'schen in den Schatten stellte,
unterscheiden sich die seinigen schon durch den
Mangel des Dialektes. Aber der rohe Stiefvater,
der sein Kind mißhandelt, und der brutale Auf-
seher, der die Arbeiter zwingt, ihren Lohn in
seiner Cantine zu vertrinken, weisen noch einen
Schritt weiter vorwärts, auf den Vater Hannele's
und auf die Blutsauger in den „Webern".

Gern verweilt die Novelle Saar's in Militär-
kreisen, und dem Soldatenstand hat er in „Vae
victis!" aus treuer Liebe ein Denkmal gesetzt. Ein
edler General hat in vorgeschrittenen Jahren eine
kalte und stolze Frau geheiratet, die mit geistigem
Hochmuth, in den Judenkreisen genährt, auf den
Soldatenstand, besonders auf das 1859 in Italien
besiegte Militär herabblickt. Ein Abgeordneter gewinnt sie sofort durch seine unerschrockenen An-
klagen der Minister und des Militärs — damals
war diese Tonart noch etwas ganz Neues. Der
General, der selber zur besiegten Armee gehörte,
wird unfreiwilliger Zeuge ihrer Liebeserklärungen

und der auf ihn fallenden Demüthigungen und Beschimpfungen. Er geht hin und erschießt sich; — der Abgeordnete aber erfüllt als Minister nicht die Hoffnungen, die man in ihn gesetzt hat. Das Garnisonleben mit dem schroffen Gegensatz von Militäristen und Civilisten, das flotte Liebeleben der Officiere nach dem Grundsatz: „Ein anderes Städtchen, ein anderes Mädchen", schildert sehr eindringlich die Novelle „Ginevra". Und gar lustig ist es zu sehen, wie die Einquartierung einer Dragonertruppe das tobte Schloß Kostenitz mit einem Schlage in Aufruhr, Leben und Bewegung setzt. In der Kaserne der Großstadt sucht Ninon, gelangweilt und unbefriedigt, die feschen Officiere auf, und so lernen wir das Soldatenleben von seinen guten und schlimmen Seiten aus Saar's Novellen kennen. Im „Schloß Kostenitz" ist der adelige Officier, der als Marder in eine friedliche Ehe bricht, dem freisinnigen adeligen Beamten gegenübergestellt, der sich durch bürgerliche Arbeit emporgebracht hat. Im „Haus Reichegg" umgekehrt ist der Graf ein starrer und rückschrittlicher Politiker aus der Schule Metternich's; und die Gräfin, eine Beauté des Wiener High life, bringt durch ihre gefährliche Anziehungskraft einen jungen Vetter herunter, den ihre eigene Tochter hoffnungslos liebt und noch als Oberin im Kloster still beweint. In die jüdischen Finanzkreise Wiens führt „Seligmann Hirsch", das tragische Seitenstück zu Heine's grotesker Figur. Der Saar'sche hat eine unüberwindliche Neigung zum Spiel und zum Börsenspiel; seine Verwandten, besonders die Schwiegertochter, suchen ihn los zu werden. Aber der Alte hat auch den lebendigen Familiensinn der Juden und wird darüber wahnsinnig.

Alle Novellen Saar's spielen ferner in Oesterreich, und der Titel der ersten Sammlung: „Novellen aus Oesterreich" kommt ihnen eigentlich allen zu. Die meisten sind mit den großen Kriegsereignissen, die in die Lebenszeit des Dichters fallen, verknüpft. Im „Schloß Kostenitz" wird, was der Held im Krieg von 1849 verbrochen, durch seinen Tod im Jahre 1866 gesühnt; die Weltgeschichte tritt also an die Stelle der poetischen Gerechtigkeit. Reflexionen freilich über die Jahre 1866 und 1870 weist der Dichter in der „Troglobytin" als nicht zu

seiner Geschichte gehörig ab. Aber in „Vae victis!"
wird im Gespräch zwischen dem General und seiner
Frau ausführlich erörtert, daß militärische Refor-
men nach den Erfahrungen von 1859 noth thun.
Der „Excellenzherr" spricht sehr verständige Worte
über die staatlichen Zustände in Oesterreich. Und
im „Schloß Kostenitz" erfüllen den alten Freiherrn die Gedanken über Oesterreichs Zukunft mit
schwerer Sorge.

Verglichen mit den Romanen einer internationalen Touristin, wie der Schubin, die uns
den Zahlkellner in jedem Hotel der Welt als
einen ihrer alten Bekannten vorstellt, ist also der
Gesichtskreis der Saar'schen Novellen eng be-
grenzt, umsomehr, als sie die Neigung zeigen,
gern auf den alten Schauplatz zurückzukehren. Aber
welche Buntheit und Fülle trotz dieser Enge, und
einen wie verschiedenartigen Hintergrund weiß
Saar selbst einem und demselben Lokal ab-
zugewinnen! Wie lebensvoll ist im „Innocens"
seine Schilderung des Wyschehrad bei Prag mit
der gelben Moldau, und wie geschickt versteht er
nach Hanslick's hübscher Beobachtung hier mili-

tärische mit landschaftlichen Motiven zu verflechten,
den Graswuchs um die Böschungen, die Veilchen
und Primeln um die Kanone zu vertheilen. In
die Stadt Prag führt uns dann der „Lieutenant
Burda", in die Garnison zu Theresienstadt die
„Ginevra". Sehr oft bedient sich Saar noch der
altväterischen Art des Punktirens; aber es kostet
auch dem Fernstehenden meistens geringe Mühe,
die Punkte aufzulösen. Die Provinzstadt G . . .
im „Haus Reichegg" ist natürlich Graz, wohin
schon der Geliebte Mariannens seine Wertherbriefe
schickte. Auf dem Wege dahin liegt der Semmering
mit Mariaschutz und Schottwien, die uns die
„Steinklopfer" hübsch vergegenwärtigen. Für eine
ganze Reihe von Novellen bildet Mähren den Schau=
platz, und auch hier sind es verhältnißmäßig wenig
Orte, zu denen wir immer wieder zurückgeführt
werden, durchaus herrschaftliche Güter, auf denen
der Dichter als Gast der Besitzer verweilt. Hier
spielt die Novelle „Tambi", auf den Hütten= und
Eisenwerken von Blansko die „Troglodytin"; nicht
weit davon liegt gewiß das auch jetzt verödete
Schloß Kostenitz, das der Dichter so lebendig

schildert, und das Schloß zu N . . . (N[aiz]?) mit dem Eisenwerk, wo die letzten Novellen, Fridolin und Trojan, ihren Schauplatz gefunden haben.

Die weit überwiegende Mehrzahl ist in der Vaterstadt des Dichters, in Wien localisirt. Und zwar nicht in dem modernen Wien mit seiner Ringstraße, welcher der Dichter mit einer gewissen Scheu aus dem Wege geht, sondern in dem alten Wien, als dessen Freund er sich in der Einleitung zur „Geigerin" ausdrücklich bezeichnet. Die Lectüre der Saar'schen Novellen ist zugleich ein Spaziergang durch das alte Wien, das man nirgends von so vielen Seiten kennen lernt wie bei ihm. Ganz episodisch mit der leicht hingeworfenen Motivirung, daß es für das Theater noch zu früh gewesen sei, bummelt der Dichter noch in einer seiner letzten Novellen bei der Favoritenlinie hinaus und bei der Matzleinsdorferlinie wieder herein, bloß um einmal wieder durch sein liebes altes Wien zu streifen. In der inneren Stadt begegnen wir ihm nur selten, besser ist er in der Vorstadt und in den Vororten zu

Hause, wohin er immer wieder flüchtet, angeblich um
zu arbeiten, in Wahrheit aber um Arbeiten zu
erleben. Da wandert er dann von seinem Garten=
haus am Linienwall hinaus zum Arsenal und zum
Südbahnhof, und von da weiter bis zur Spinnerin
am Kreuz. Auch in die Kastanienalleen des Pra=
ters führt ihn sein Weg, wobei er herbe Klagen
über das Fällen schöner alter Bäume nicht unter=
drücken kann. In „Vae victis!" sehen wir noch
die Josefstadt mit dem alten Glacis; im „Wiener=
kind" beobachten wir, wie aus dem Vorort Döbling
durch zahlreiche Neubauten schon ein Stadttheil
wird, während noch alte enge Häuser den Stefans=
platz verstellen. Döbling, wo er bei einer edlen
Freundin ein stets bereites Asyl findet, ist über=
haupt sein Lieblingsaufenthalt. Von da wandert
der Held des „Requiems" mit der Geliebten
durch die Vorstädte oder auch hinaus zum Heurigen.
Auch Grinzing mit dem Kahlenberg und dem
Leopoldsberg werden besucht. Und nicht bloß die
Natur, auch das alte Wiener Leben weiß er uns
in eindringlichen Bildern zu vergegenwärtigen.
Wir erleben in dem „Wienerkind" eine Hochzeit

auf dem Grund mit all dem „Pflanz", der dazu gehört. Wir essen mit dem Dichter, der sonst gern die alten, aus der Mode gekommenen Gasthäuser aufsucht, in dem schönen Garten des „Hotels Victoria" zu Nacht. Wir treten im „Lieutenant Burda" in das enge Stehparterre des alten Burgtheaters, und wir lernen in der „Ninon" das Wiener Theater der Sechzigerjahre nicht bloß mit der Wolter und der Gallmeyer, sondern auch mit dem unausstehlichen Leuchert kennen, ja wir werden sogar in das Sulkowski'sche Uebungstheater geführt und machen einen der damals beliebten Maskenbälle im Theater an der Wien mit. Kurz, das ganze alte Wien steht lebendig vor unseren Augen.

Mit Recht hat sich Saar darum schon in einer seiner ersten Novellen als einen Freund der Vergangenheit bezeichnet, und sich seither nur noch mehr daran gewöhnt, den Blick nach rückwärts zu kehren. Wenn er es ehedem wohl selber ausgesprochen hat, daß es die sogenannte gute alte Zeit in Wahrheit niemals gegeben habe, so wirft er im „Schloß Kostenitz" einen elegischen Ausblick auf die neue Zeit, die jetzt über die alte triumphirt und doch einst wie sie schwinden wird. Seit 1890 werden solche Aeußerungen zahlreicher, und zu manchen Bestrebungen der modernen Zeit hat Saar augenscheinlich kein freundliches Verhältniß. Der Frauenemancipation und besonders dem Frauenstudium ist er nicht günstig und noch weniger den modernen Literaten, die „Kritiker werden, weil sie selber nichts leisten können". Er zählt sich nun gern zu den Herren der alten Schule. Aber die vorstehenden Blätter haben gezeigt, wie viel er selber dazu beigetrageu hat, die neue Zeit herbeizuführen, die er nun nach saturnalischem Weltgesetz verschlingen möchte; ja, wer genauer zu= sieht, kann in seinen neuesten Arbeiten manchen Zug entdecken, der anzeigt, daß er sich nicht eigensinnig auch dem Guten verschlossen hat. Wenn z. B. im „Schloß Kostenitz" die Dragoner nicht bloß die seelische Schuld, sondern auch den Typhus mit auf das Schloß gebracht und dessen Bewohnern ein Andenken zurückgelassen haben, so darf man bei diesem symbolischen Zug getrost an Ibsen er= innern. Die ausführlichen Beschreibungen und

91

pathologischen Schilderungen der Krankheiten suchen auch sonst einer Forderung der neuen Zeit entgegenzukommen; dergleichen hat Saar bisher viel leichter genommen. Und wenn sich der alte Freiherr darüber Vorwürfe macht, daß er ohne Rücksicht auf die Forderungen der Natur eine junge Frau geheiratet habe, so sehen wir deutlich, wie die Forderung der Volllebigkeit, die Saar's sämmtliche Novellen durchzieht, hier mit dem Evangelium der neuen Schule zusammentrifft. Sie wird in Saar keinen Gegner, sondern einen tapferen Vorkämpfer erblicken.

Die Lyrik.

„Immer und ewig bleibst Du, hochaufstrebende Lyrik, Blüthe und Krone der Dichtkunst!" So singt der Dichter selbst, und die lyrische Muse hat solche Gunst reichlich erwidert. Saar zählt zu den ersten Lyrikern unserer Zeit, und nicht bloß in Oesterreich. Eine ältere Sammlung von Gedichten hat er selber unterdrückt. Was die Sammlung der Gedichte von 1881 und die zweite, durchgesehene und vermehrte Auflage von 1888 enthält, gehört durchaus der reifen Zeit an und reicht nicht über 1862 zurück. In drei symmetrisch gegliederten Büchern von je vier, zwei und wieder vier Rubriken ist der Inhalt vertheilt. Aber diese Rubriken weisen nicht etwa auf eine bunte Mannigfaltigkeit der Gattungen und Töne hin. Was Saar nach Goethe'schem Muster als „Lieder" und „Vermischte Gedichte" unterscheidet, ist im Tone nur wenig verschieden; denn auch seine Lieder sind nicht eigentlich singbar, sondern gehören der ge= sprochenen Lyrik an. Unter den Ueberschriften „Aus dem Tagebuch der Liebe", „Bilder und Gestalten", „In memoriam" werden dem Stoffe nach gleich= artige Gedichte zwanglos zusammengehalten. Andere Rubriken, wie die „Freien Rhythmen" und die „Rhapsodien", fallen zusammen. Hier wie in den „Sonetten" ist der Eintheilungsgrund den metri= schen Formen entlehnt, die vereinzelt jedoch auch in den übrigen Rubriken vorkommen. Die antiken Versmaße hat Saar (mit einer Ausnahme) bisher ganz links liegen gelassen, von den romanischen kennt er bloß die Terzinen und das Sonett, das er hübsch charakterisirt und sicher handhabt. Die Vor= liebe für die freien Rhythmen geht auf Goethe und Heine zurück; überwiegend aber ist die Zahl der ein= achen Strophenformen, in denen sich der Rhyth= mus dem Gedanken wunderbar leicht anschmiegt. Gern bietet sich dabei dem Dichter in Liebes= gedichten jene Strophe aus längeren fünffüßigen Jamben dar, die Grillparzer in den Tristia ex Ponto zur ernsten Abrechnung in Liebessachen gewählt hat („Trennung" u. a.); während sich frohe und helle Ausrufe auf kurzen Daktylen wiegen: „Herrlicher, sonniger, goldener Tag"; „Frohe, harzduftende, heilige Nacht!" Neben der glatten und vornehmen Form ist die Kürze ein gemeinsames Kennzeichen aller Saar'schen Gedichte, die fast ausnahmslos aus wenigen knappen Strophen bestehen.

Der Dichter, den wir in den Novellen mehr von der Außenseite als weltmännischen Beobachter der Menschen kennen lernen, offenbart uns in der Lyrik sein geheimstes Innere. Auch in ihr ist der Dichter selbst überall gegenwärtig, und wie die Gedichte fast ausnahmslos aus der Zeit seiner Reife stammen, so begegnen wir ihm nirgends als stürmendem Jüngling, sondern überall als gebändigtem Manne mit grauem Scheitel. Ein wehmütig elegischer, mitunter auch müder Zug geht durch die ganze Sammlung, deren gleichmäßiger Ernst nur selten von einem hellen oder heiteren Ton unterbrochen wird. Das alte Lied von der Eitelkeit und Vergänglichkeit der irdischen Dinge klingt wiederholt an unser Ohr: „Taedium vitae", „Requiem" am Allerseelentage, „Miserere". In dem ersten Schmerz der Kindesthränen faßt ihn der Menschheit ganzer Jammer an; und auch in der liebenden Schwester feiert er die mitleidende Dulderin, die das Weh der Anderen trägt, als wär's ein Glück. Verstorbene, die ihm bei ihren Lebzeiten gleichgiltig waren, aber ihm nun im Traume erscheinen, betrachtet der Dichter als mahnende Boten der Zeit, seine Rechnung abzu= schließen, und wenn er sich das einemal selber als indischen Säulenheiligen hinstellt, der regungslos den Qualen der Hitze und der Kälte ausgesetzt ist, aber vor dem Sprung ins Grab doch noch zurückbebt, so ruft er ein anderesmal ein ganz entschlossenes: „Komm, Tod!" aus. Ein letzter Liebeshauch, ein spätes, nicht zu spätes Dichterglück, das den früh entlaubten Kranz wieder ins Grüne ausschlagen läßt, vergoldet wie ein stilles, friedliches Abendroth die Sammlung, die mit dem Seufzer eröffnet wird: „Ach, wie wenig war vollendet, ach, wie wenig ward vollbracht!" Immer wieder stellt sich der nagende Selbstvor= wurf ein, daß der Dichter seine Zeit verträumt,

daß er zu pflanzen und zu ſäen verſäumt, daß
er nur Roſen, nicht Früchte geſucht habe. Selbſt
die Hoffnungen, die Andere in ihn ſetzen, weiſt
er als bloße Qual mit dem herben Grillparzer-
iſchen Worte zurück: „Laſſ't mich allein!" Aber
dann wird er ſich wieder bewußt, daß edle Saaten
nur langſam reifen, und daß er nur in dem
Streben nach höheren Zielen das Geringere ver-
abſäumt habe, und ſo ermahnt er auch die Jugend, für ernſte Ziele zu leben und zu wirken,
ohne Vergeltungskränze zu erwarten. Denn jedes
ſelbſtloſe Streben muß erliegen, weil die Menſchheit tief im „Gemeinen" wurzelt und nur das Streben nach Vortheil, nach Gewinn und nach Erfolg
kennt. Die Selbſtſucht und die Eitelkeit betrachtet
er als die Kernſchäden der wahren Menſchheit,
und nicht müde wird er, den Ruhmesgrößen De-
muth einzuſchärfen. Er verachtet diejenigen, die
ſtets Altäre für die Kunſt verlangen und ſich
ſelber zur Gottheit ſtempeln; nicht den Mann,
nur ſeinen Glücksſtern müßt Ihr preiſen, „denn
ohne günſtigen Wind kann Keiner ſein Höchſtes
vollbringen!" Jeden Wettkampf in der Kunſt weiſt

er zurück; denn die Dichtkunst ist kein Schlacht-feld, sie wird nicht aus der Eitelkeit, sondern aus innerem Drange geboren. Wie die Jungdeutschen und Grillparzer empfindet auch Saar das Schaffen als eine Qual: nur durch innere Leiden wird der Lorbeer errungen und erstritten. Und wenn der Dichter immer und überall zu Leiden geboren ist, so gilt das doppelt in unserer Zeit. Feindlich und kalt stehen die Welt und die Menschen heute der Kunst gegenüber; die Kunst ist todt, nur abseits vom Markte zucken verendend ihre Glieder; der deutsche Dichter lebt wie sein Geist in ungelesenen Büchern ein löschpapierenes Leben; nur die todten Classiker werden gefeiert, um die lebendigen Dichter einzusargen. In solchen höchst persönlichen An-klagen ergeht sich die Verstimmung des Dichters, der aber in gefaßteren Augenblicken wieder weit davon entfernt ist, das Schicksal oder die Menschen anzuklagen, sondern vielmehr in die eigene Brust greift und dann das „Erlittene" als ein „Erlebtes" betrachten und schätzen lernt. Zur Selbsterkenntniß führt ihn sein Weg hinauf; und während er der Klugheit nur ein sehr bedingtes Preislied zu singen

weiß und sie nicht als letztes Ziel der Menschheit
anerkennt, rühmt er sich des starken unbezwungenen
Herzens und des rein entfalteten Geistes. Den
Vollglanz echten Menschenthums aber sieht er um
die Stirn dessen, der sich selbst überwinden gelernt
hat. Ihm reicht er wie Goethe und wie Grillparzer die Palme; die Errungenschaft, rasche
Wünsche ersticken gelernt zu haben, preist er als
sein Höchstes; die Pflicht, still zu überwinden und
zu entbehren, lehrt er auch Andere und fordert
selbst die rasche Jugend auf, zu zeigen, daß sie
nicht bloß genießen, sondern auch froh entbehren
könne.

Wie das Innere des Dichters, so ist auch
die Natur in den Gedichten Saar's mit einem
dünnen und leichten Flor bedeckt. Sie saugt die
Thränen der Menschen auf und läßt sie als Thau
wieder niederfallen. Der Dichter fühlt sich eins
mit ihr, indem er wie sie bloß lebt, um zu leben,
und Nichts erwartet, als ein leichtes, schönes
Sterben. Darum weilt auch seine Phantasie am
liebsten bei dem Winterabend, bei dem Sonnen-
untergang, bei der Christnacht oder bei dem

Monde, dem er wie Klopstock ein sanftschimmern=
des Menschenantlitz zuschreibt. Die hellen Stimmen
des Tages dienen nur als Contrast zu dem hei=
ligen Ernst des scheidenden Sommertages oder zu
dem tiefen milden Schweigen des Winterabends.
Unter den Jahreszeiten erinnert den Dichter der
Frühling an alle genossene Lust und Schmerz,
der Sommerabend an verlorenes Liebesglück; am
meisten aber liebt er in dem Herbst „tiefer Er=
füllung Ruh“ und die Mahnung an baldigen
Aufbruch. Saar weiß von der Natur einen schönen
symbolischen Gebrauch zu machen und findet be=
sonders in den Blumen holde Gleichnisse, der
Erdendinge. In den Lilien sieht er ein Bild sich
durchbringender Gegensätze (Schnee und Flamme);
in den Primeln, die sich nicht wie die Veilchen
durch den Geruch ankündigen, das Bild der wahrsten
Bescheidenheit, die sich nicht aufdrängt; die Pappeln
streben wie der Dichter selbst über niedriges Gestrüpp
hoch zum Himmel hinauf; die Malven legen ihm
die Frage nach dem Urquell aller Dinge nahe,
der ihre Wurzeln tränkt; seine Wünsche wachsen
wie Brombeeren reif und unreif an einem Strauch

und der Handel mit den Erdbeeren erinnert ihn
daran, wie selbst die freieste Gabe der Natur nur
dem menschlichen Eigennutz, dem Wucher dient.
Einförmiger ist seine Thiersymbolik: wie er die
fliegenden Tauben mit den Gedanken des Dichters
vergleicht, so fordert er, wieder mit einer Klop=
stock'schen Wendung, sein Lied auf, der Lerche
nachzustreben, und der herumflatternde Trauer=
mantel ist ihm ein Abbild der sanften Schwer=
muth seiner eigenen Seele. Mit einer originelleren,
aber nicht ungesuchten Gedankenverbindung, bringt
ihn der letzte Fisch in seinem Aquarium darauf,
was der Mensch empfinden müßte, der als Aller=
letzter seines Geschlechtes auf Erden wandelte
Aber auch ohne symbolischen Bezug, als bloßes
Stimmungsbild, kommt die Natur bei Saar zu
ihrem Rechte. In ein paar Strichen weiß er das
Bild einer Landschaft mit dem Kreuz des Erlösers
festzuhalten, oder den Schloßpark, oder den Kloster=
garten, oder die Stille eines Sonntagsnachmittags.
Auch hier locken ihn nur die Bilder der Ruhe
und des Friedens, selbst Italien ist ihm durch
das Touristengewühl und die redegewandten Kunst=

krittler verleidet; nur Venedig preist er als den Ort für müde Lebensschwingen.

Auch „Bilder und Gestalten" aus dem Menschenleben, ganz objectiv hingestellt oder mit symbolischem Bezuge, bietet die Lyrik Saar's reichlich dar, ja gerade hier zeigt sich uns der Dichter von seiner modernsten Seite. Die Telegraphendrähte stellen ihm eine große Aeolsharfe vor, welche die ihr anvertrauten Freuden und Leiden von Millionen verkündet. Oefter als in den Novellen aber begegnen wir in Saar's Lyrik den Gestalten aus den untersten Ständen, deren resolute Realistik die romantischen Bilder des stummen Schäfers, der üppigen Zigeunerin und der lustigen Comödiantentruppe bald ganz verdrängt. Wie der Dichter zwar den Reichthum und die Reichen besingt, aber nur weil sie sich, vor der Noth geschützt, die immer zum „Gemeinen" herunterzieht, frei entfalten können, so beschämt ihn umgekehrt das Kind der Noth, das seinem Vater, einem Holzknecht, die Speise in den Wald bringt und schon für Andere zu sorgen bereit ist, während der Dichter nur an sich selber denkt: „Mein ganzes Sein erschien mir hohl, und hohl auch, was ich denke." Mit einem verhaltenen Seufzer beobachtet er fahle Menschen bei ihrem eintönigen und müden Handwerk, dem Ziegelschlag, wo die Welt in Koth zu zerfließen scheint. Aber nicht immer ist es das Mitleid, das des Dichters Feder regiert; weit öfter begegnen wir hier schon dem Proletariat, das die Arme in die Seiten stemmt; dem Arbeiter, der dem Dichter den Gruß versagt, weil er des Geistes Mühe und Arbeit nicht kennt und nicht achtet; dem Anarchisten als Zugführer, der weiß, daß er das Leben der reichen Passagiere in seiner Hand hat, und daraus die Hoffnung schöpft, daß morgen Er der Herr sein wird — ähnlich hat bekanntlich Freiligrath den Proletarier als Maschinisten auf einem Rheindampfer trotzig hingestellt; und der schmutzigen und frechen „Proles", die dem Dichter auf einem Spaziergange sein bißchen Frühlingswonne verdirbt. Saar ist kein Schmeichler gegenüber den unteren, so wenig wie gegenüber den oberen Classen.

Mit den Novellen haben die Gedichte einen innigen Zusammenhang. Wie der Dichter dort die

einsamen Sonderlinge aufsucht, so preist er hier
die Armen im Geiste selig, auf die der leere
Wissensdünkel mit Verachtung herabsieht. Weisheit
spricht nur aus dem Munde der Thoren, wie der
Muth nur aus schwachen Seelen bricht. Darum
fordert der Dichter zwar zur Selbsterkenntniß auf,
aber mit dem letzten Urtheile über andere Menschen
befiehlt er vorsichtig hauszuhalten; „denn in
jedem schlummert eine sondre Kraft!" Wie er in
den Novellen so oft als der Vertraute geheimer
Leiden erscheint, so fordert er hier die Anderen
auf, sich an seiner Brust auszuweinen, als Eines,
der selbst Leiden erfahren hat. Denn, frei von der
Selbstsucht und Eitelkeit der Welt, ist auch er
selber nur ein seltsamer Fremdling im Erden=
gebiete.

Wie durch die Novellen, so zieht sich durch
die Gedichte das Thema der Vollebigkeit als ein
rother Faden hindurch; und der Gegensatz von
Erblühen und von Verblühen ist der Inhalt fast
aller Liebes= und Frauenlieder. „Du aber solltest
nicht verblühen, hinschmelzen feurig nur wie Erz,
so laß' doch endlich rasch erglühen, erglüh'n Dein

allzu zages Herz," ruft er einer Freundin (Clarissa)
zu. Ein anderesmal contrastirt er die verblühende
Mutter mit der aufblühenden Tochter; und schon
bei dem früh erblühten Kind kommt ihm der Gedanke, daß es Pflichten ängstlich erwägend, ver-
sagend und entsagend, in unsäglicher Oede hin-
sterben oder erst dann Leidenschaft entfesseln könnte,
wenn es keine mehr wecke! Denn das ist das Los
der Frauen: „nach kurzen Jugendtagen verschul-
detes Entbehren, die Einen durch Versagen, die
Andern durch Gewähren"; wehe, wenn gar beides
zusammentrifft (An eine Unglückliche)! Noch zahlreicher als in den Novellen sind darum in den
Gedichten die Bilder alternder, um das Glück
echter und rechtzeitiger Leidenschaft betrogener
Frauen. Sogar die alte Magd, die nicht mehr
mit zum Tanze kann, kommt vor, und ein altern-
des Ehepaar, das endlich durch die bloße Gewohn-
heit vereinigt wird. Besonders ist es aber auch
hier die Tendenz der Emancipation, welche die
Vollebigkeit der Frauen stört. Der Dichter empfindet es als Widerspruch, daß die Frauen ihre
Reize nicht verbergen und doch empört sind, wenn

der Mann das sucht, was sie ihm darbieten. Glücklich, ruft er den Frauen zu, werdet Ihr nur werden durch Eure Schönheit! Die Sucht nach Emancipation wird zu den Leiden der getäuschten Liebe nur noch den Schmerz verfehlten Wirkens, getäuschten Ehrgeiz und die Qual des Denkens bringen. Mit herzlicher Theilnahme sieht er die Postelevin am Schalter beim Anblicke eines Mannes erröthen: „Du fühlst, ich ahn' es tief, den Bruch, der sich im Weib vollzogen, und siehst Dich mit dem Contobuch ums beste Theil betrogen." Aber auch dort, wo nicht die Noth gebietet, ist ihm die echte Tochter unserer Zeit unverständlich, deren ganzes Wesen bloß aus Hirn und aus Nerven besteht, ohne die Tiefe der Leidenschaft (Stella). Das Häßlichste freilich ist die Gefallene (Lydia), die wie Ninon in der Novelle kalt selbst bei der Sünde bleibt!

Auch in den Motiven erinnert das „Tagebuch der Liebe", das nach dem Muster einer Heine'schen Rubrik jedem Verhältniß ein, meistens mit einem Taufnamen überschriebenes Gedicht widmet, auf Schritt und Tritt an die Novellen. Auch hier

wird die Bekanntschaft von Fenster zu Fenster
angeknüpft; im Mondschein glaubt er ihre ge=
heimsten Wünsche laut werden zu hören, sie bietet
sich dem Dichter selber an, ihre Tugend welkt still
verdrossen dahin — aber als sie ihn am nächsten
Tage am Fenster sieht, tritt sie scheu und bang
zurück. Ein anderesmal begegnet er im Warte=
salon zu Rom einer Holländerin, der er die un=
befriedigte Sehnsucht aus den Augen liest: der
Zug rollt ab, und die Beiden verbluten still an
unerfüllten Herzenswünschen. Auch hier erscheint
der Dichter mit ergrautem Haar, in der Sonnen=
wende der Liebe, empfänglich noch für den Zauber
der Schönheit und mit geschärftem Auge den
feinsten Reiz erspähend, aber trotz unverbrauchter
Kraft und Glut doch schon angeweht von den
leisen Schauern des Alters. Aber den alternden
Dichter zieht es mit unwiderstehlicher Gewalt gerade zu der verblühenden Frau. Zwar ist Ottiliens
Antlitz durch die Jahre leise gekerbt und das
braune Haar zu mattem Silber entfärbt — aber
noch, wenn er ihr begegnet, fühlt er sich zu ihr,
wie sie zu ihm hingezogen. Und einer anderen

Geliebten (Elisabeth), von der er einst zürnend und mit Groll geschieden ist, ruft er zu: „Wir werden uns wiedersehen, vielleicht silberweiß und mit kahlem Scheitel, und heiß wie einst den letzten Kuß küssen.

> „Dann aber lassen wir uns nieder still
> Und fühlen leise, Hand in Hand gelegt,
> Daß jeder Keim zur Frucht gedeihen will,
> Den einmal wahrhaft tief das Herz gehegt."

Auch sonst besingt Saar mit Vorliebe „der Herzen allerletztes Blühen"; wie Andere für die Backfische geschwärmt und gedichtet haben, so ist er der Dichter der letzten Liebe und der verblühenden Frauen.

Andere Liebschaften sind freilich von um so kürzerer Dauer, und die darauf bezüglichen Gedichte erinnern in ihrem losen Inhalt gar sehr an die bedenklichste Rubrik in Heine's Gedichten. Da ist die Dame aus dem „High life", ein Weib in vollster Lebensblüthe, die nicht zu den Klugen und den Satten zählt, deren Wunsch, zu lieben und geliebt zu werden, nie ermattet, und die dem jungen Gatten in den Armen des alternden Dichters

treulos wird; gleich daneben in der Kleinſtadt das
Kind armer Leute, zu dem der Dichter früh Mor-
gens im Soldatenmantel ſchleicht; — aber die
Pflegeeltern ſind der Liebſchaft auf die Spur gekommen und haben das „ſchlechte Ding“ ſeinen
Eltern zurückgeſchickt. Unbefriedigtes Sehnen auch
hier! Und wieder daneben die Briefe und das
Bild Amaras, des Weibes mit dem ſchlaffen Leib,
das kalt ſelbſt in der Leidenſchaft geblieben iſt
und das einmal faſt weibiſch geliebt zu haben,
der Dichter kaum mehr begreifen kann — der
ſchärſſte Gegenſatz zu den zahlreichen Erinnerungs-
bildern mit ihrem zähen und treuen Feſthalten an
dem Gegenſtande wahrer Leidenſchaft. Die Briefe
Amaras, die dem Dichter jetzt ſelber leer an Inhalt erſcheinen, erinnern uns wieder daran, daß
auch in den Gedichten das geiſtige Element in
der Liebe nur wenig zur Geltung kommt. Eine
Frau, die ihn zu lieben geglaubt, bald aber ihrer
Liebe unwürdig gefunden hat, iſt durch den Schmerz
der Enttäuſchung, alſo doch durch ihn, zur Dich-
terin geworden. Ganz abſeits aber von allen übrigen Dichtungen Saar's ſteht die „Liebesſcene“,

die als „Epilog" das Tagebuch abschließt. Der
Dichter beobachtet im Wirthshaus zwei junge
Liebende, die, Hand in Hand verschlungen, im
Darwin oder im Stuart Mill lesend, Liebesnähe
genießen. Dem Dichter aber wird der Anblick zu
einem neuen hohen Lied der Liebe,

> „Da ich verklärt sah von des Geistes Licht
> Auf Erden schon den dunkelsten der Triebe."

Tief bewegt schleicht er sich leise davon,

> „Um solcher Herzen reinen Zauberkreis
> Und diese heil'ge Feier nicht zu stören." .

Der ernste, fast feierliche Ton des Gedichtes, das
zu allen übrigen in so seltsamem Gegensatze steht,
gestattet nicht, auch nur an die leiseste Ironie zu
denken; und so müssen wir annehmen, daß der
Dichter diesen Epilog als ein absichtliches Gegen-
stück und Gegengewicht hingestellt hat, um einer
Stimmung Rechnung zu tragen, die er sonst selber
in den Gedichten vermißte.

In den Gedichten fehlen auch die hellen und
heiteren Farben fast ganz, und oft hat man darum
dem Dichter, der doch als Novellist Proben ge-

geben hatte, den Mangel an Humor zum Vor=
wurf gemacht. Seine Antwort ist die neueste Dich=
tung „Die Pincelliade" (1897), ein komisches
Epos in fünf Gesängen und in sehr sauberen
Ottaverimen. Das Genre der —iaden, das im
vorigen Jahrhundert Zachariä nach dem Muster
Pope's und Wieland nach dem Muster der Ita=
liener bei uns begründet haben, kommt uns trotz
Detlev von Liliencron's neueren Versuchen doch schon
etwas altväterisch vor und vermag nur noch bei
der feinsten Behandlung zu wirken. Was Saar
zu ihm hinzog, als er des trockenen Tones einmal
satt wurde, liegt auf der Hand. Nicht bloß seine
„Volllebigkeit" konnte sich dabei ziemlich unverhüllt
gütlich thun (er warnt die Leser gleich in der
ersten Strophe: „seht euch vor!"); sondern auch
der Künstler fand bei dem altherkömmlichen Stil
dieser Dichtung seine Rechnung. Zwar den Appa=
rat geflügelter Wesen oder mythologischer Figuren
konnte er als moderner Dichter nicht mehr brau=
chen, und mit den stehenden epischen Formeln
dankte er auch jeden parodistischen Bezug auf das
ernste Epos ab, wofür ihm die moderne Dichtung,

die das ernste Epos kaum mehr kennt, ohnedies kein Stichblatt geboten hätte. Aber zu dem Stil des komischen Epos gehört es seit jeher, daß der Dichter selber in ihm überall gegenwärtig ist, zwischen dem Leser und den Helden den humoristischen und satirischen Vermittler spielt und beständig einen vertraulichen und munteren Verkehr mit seinem Publicum unterhält. In Saar's Novellen ist das Gleiche der Fall, nur daß sich der Dichter dort überall von der ernsten und würdigen Seite zeigt, während er hier die lose Seite des Vollmenschen herauskehrt. So beginnt er, ganz im volksthümlichen Stile des komischen Epos, sogleich mit einer Anrede an die Leser (auf die Leserinnen will der Schelm diesmal freiwillig verzichten), und durch das ganze Gedicht hindurch bleibt er in beständigem Verkehr mit ihnen: er leiht ihren Erwartungen Worte, befriedigt sie oder weist sie zurück; er rechtfertigt sich, warum er dieses thun und jenes unterlassen werde; er findet es endlich an der Zeit, den Helden zu beschreiben, nach seinen Motiven zu forschen u. s. w. Mit heiterer Selbstironie begleitet er die eigene Arbeit;

er kann wie in den Novellen wiederum nur erzählen, was er weiß, und er muß den eigentlichen Schluß schuldig bleiben, obwohl er als Autor eigentlich alles wissen sollte; er weist Zumuthungen des Lesers oder eigene Einfälle als nicht zur Sache gehörig ab; er verwahrt sich eifrig dagegen, bei einer ähnlichen Situation Zola auszuschreiben; er fürchtet, zu breit zu werden und Langeweile zu erregen; er seufzt über die Schwierigkeit der Stanzen und spottet in geheuchelter Reimnoth über den schlechten Reim, den er nicht entbehren könne, trotzdem er komische Reimwörter (wie jenes köstliche Möble- mang: lang) absichtlich häuft. Beständige Zwischen= reden des Autors und Nebenbemerkungen in Pa= renthese gehören hier ebenso zum Stil wie die durchgehenden satirischen Seitenhiebe und Witze= leien auf die Schwächen der Ehemänner und die Untreue der Frauen. Gerade in der Satire hat sich Saar, der sich in seinen ernsten Novellen immer Zurückhaltung auferlegt, hier am freiesten gehen gelassen; er stichelt nicht bloß auf geschlecht= liche und eheliche Verhältnisse, auf die Kellnerinnen und Liaisons, sondern auch in einer ihm sonst

ungewohnten Weise auf die öffentlichen Zustände
im nachmärzlichen, reactionären Oesterreich, auf
die Kleinstädterei und das Concordat, auf das
Verhältniß der Deutschen zu den Nichtdeutschen in
der österreichischen Armee, auf die schlechten Ver=
kehrsmittel u. s. w.; ja, er rückt sogar der Gegen=
wart zu Leibe, indem er ohne Verbitterung die
Frauenfrage und den Socialdemokratismus, die
Währungsregulirung, die pathologische Schätzung
der Verbrecher, die Zola'schen Wahrheitsschilde=
rungen im Vorbeigehen betupft. Ueber das,
was ihn während der Militärzeit kneipte, hat er
sich meines Wissens nirgends so deutlich aus=
gesprochen wie hier. Denn wiederum erzählt der
Dichter aus der Soldatenzeit, und so hängt das
komische Epos auch dem Stoffe nach mit seinen
Novellen zusammen. Der Held ist ein Militär=
schneider, der sich sein Hochzeitsbett im Mannschafts=
zimmer durch ein paar Vorhänge abgrenzen muß
und von seiner Frau gehörnt, aber von ihrem
Liebhaber, der ihr gleichfalls mit Untreue lohnt,
wieder an ihr gerächt wird. In ihrer Neben=
buhlerin, der Madame Kraft, die in ihren Ro=

manen den Frauenaufruhr predigt und für die
freie Liebe eintritt, finden wir wie im „Wiener
Kind" die herabgekommene Frau als Literatin
wieder, und auch der ſocialdemokratiſche Cadett
iſt nur Perſiflage und Caricatur. Das Ganze iſt
mit gutem, mitunter ſogar derbem Humor zu Ende
geführt; aber das Verlangen nach einer größeren
Compoſition befriedigt es nicht, dafür iſt ſeine
Gattung doch zu leicht und zu dünn.

In dem Bilde des Lyrikers würde ein cha-
rakteriſtiſcher Zug fehlen, wenn ich nicht wenigſtens
mit einem Worte der Saar'ſchen Feſtdichtungen
und Feſtreden gedächte, die eine mehr als locale
und temporelle Beachtung verdienen, leider aber
in der Sammlung der Gedichte gar nicht vertreten
ſind. Sie ſind nicht bloß durch die adelige, dabei
doch immer dem Vortragenden mundgerechte
Sprache ausgezeichnet, ſondern noch mehr durch
die ſeltene Gabe, ſich jedem individuellen Anlaſſe,
dem Charakter des Tages wie des Ortes anzu-
ſchmiegen und ſo mit einem Schlage einen traulichen
Rapport mit einer, oft recht kühlen, Feſtverſamm=
lung herzuſtellen. Als Beiſpiel und Muſter der

ganzen Gattung kann die Feſtrede zur Enthüllung des
Grillparzerdenkmales dienen; in fünffüßigen Jamben,
nur die Abſchnitte durch den Reim gekennzeichnet.
Von einer prächtigen Schilderung des Locales
und ſeiner Umgebung geht der Dichter aus: von
dem Volksgarten, dem Standplatz des Denkmales,
ſchweift ſein Blick zum neuen Burgtheater hinüber und
von da weiter über die Stadt, die kein Capua der
Geiſter mehr iſt, ſondern ſich allen Segnungen
erhöhten Daſeins längſt erſchloſſen hat und ein
heiteres Volk auf dem Wege zur Vollendung
hinter keinem anderen zurückbleiben ſieht. Wenn
es den Dichter, dem die Feier galt, früher ver=
kannt hat, ſo weiß es jetzt, was es an ihm be=
ſitzt. An eine knappe Charakteriſtik der Dramen,
deren Heimatsluft der Dichter beſonders rühmt,
ſchließt ſich die Feier des Dichters als eines der
letzten aus der Zeit der claſſiſchen, der großen
Kunſt, der neben Goethe und neben Beethoven
genannt wird, mit dem und nach dem Wenige
nur zu nennen ſind.

Das Lob auf die Vaterſtadt des Dichters,
welches dieſes Feſtgedicht durchzieht, führt uns

116

endlich auf die „Wiener Elegien" (1893), nicht
die beste, aber die charakteristischeste seiner Dich=
tungen, die erste zugleich, mit der er einen un=
mittelbaren buchhändlerischen Erfolg erzielt hat.
Mit ihr tritt der treue Sohn Wiens in die große
Reihe der Schriftsteller und Dichter, die seit vier
Jahrhunderten in Prosa und in Versen das Lob
der heiteren Donaustadt gesungen haben. Keinem
Geringeren als Aeneas Sylvius, dem späteren
Papst Pius II., verdanken wir die erste Schilde=
rung von Wien, die in der Literatur Beachtung
gefunden hat; zweihundertundfünfzig Jahre später
hat eine internationale Touristin, die Lady Mon=
tague, auf ihren Weltreisen auch Wien berührt
und in einer vielcitirten Skizze (heutzutage würde
man es eine Momentphotographie nennen) auf=
genommen. Im sechzehnten Jahrhundert, wo die
gereimten Lobsprüche auf berühmte Städte einen
ganzen Literaturzweig bilden, fehlt es auch nicht
an Preisgedichten auf Wien; nicht bloß Aus=
heimische, die wie der Nürnberger Meister Hans
Sachs unsere Stadt mit keinem Auge gesehen
haben, sondern auch Einheimische haben an ihnen

Theil, wie z. B. der biedere Wolfgang Schmeltzl, ein zugereister Pfälzer, der aber als Schulmeister bei den Schotten seine zweite Heimat in Wien gefunden hat und zu ihrem Lobe singt: „Wer sich in Wien nicht nähren kann, ist allweil ein verlorner Mann"; — es war ein glücklicher Gedanke, daß die Stadt Wien den Dichter der „Wiener Elegien" bei seinem Jubiläum durch eine Reproduction der „Widmung" erfreute, die dreihundert Jahre früher seinem Untercollegen Schmeltzl zutheil geworden war. Unfreundlicher lautet in der classischen Zeit das Xenion auf das genußfrohe Phäakenvolk an der Donau, und unter den Söhnen Wiens hat kein Geringerer als Grillparzer diesen Vorwurf gegen das Capua der Geister mit seinem entnerven= den Sommerhauch wiederholt, während die soge= nannten „Backhändelpoeten" gerade damals im Chorus sangen: „Es gibt nur a Kaiserstadt, 's gibt nur a Wien." In der Zeit der Julirevolution bringt dann der „Wiener Spaziergänger" ab= stracten Liberalismus in schwungvolle rhetorische Verse. Von den Epigonen seit 1848 war unser Dichter in erster Linie berufen, das alte Lied den

118

geänderten Zeiten anzupassen. Denn wir wissen, welche bedeutende Rolle das Wien der Fünfziger- und der Sechzigerjahre in Saar's Novellen spielt; auch die Gedichte enthalten wenigstens ein Bild aus Wien, das der Votivkirche, der „Kirche ohne Gott".

Bald nach Saar ist ein anderer Wiener Dichter, Albrecht Graf Wickenburg, mit seinen Liedern und Gedichten „Mein Wien" (Wien, Gerold 1894) hervorgetreten. Man kann sich keinen größeren Gegensatz im Inhalte und in der Form denken! Bei Wickenburg verschwindet die Person des Dichters ganz hinter dem Gegenstande, der allein die beständig wechselnde, anschmiegsame Tonart bestimmt. In drei einleitenden Gedichten charakterisirt er die Wiener Art, ihre historische Entwickelung (Alt-Wienerisch) und im Wiener Dialekt die „Weaner Sprach'". Aus dem äußeren Stadtbild greift er dann das Monumentale heraus. Zuerst natürlich den „alten Steffel", den Stephansthurm, gleich daneben den Stock im Eisen und das neue Radetzkymonument. Sehr glücklich und fast vollständig ist dann die Auswahl der Typen aus dem Wiener Volksleben. Obenan, wie es sich versteht, die populären Deutschmeister= Edelknaben; hinter ihnen die „Wiener Kappel= buben", die vor der Burgmusik hertrotten und in der echtesten Wiener Sprache „Pülcher" heißen; dann die harben Fiaker und die Comfortables, die ihren Namen lucus a non lucendo haben; die Schusterbuben mit ihren kecken Fragen und ihren schlagfertigen Antworten; die „Damen vom Stand", d. h. vom Naschmarkt, und die brallen Wäschermädel; zuletzt das Wiener Bürgerkind, bild= sauber und fesch, mit dem goldenen Herzen, mit dem leichten Sinn und dem reschen Zungerl. Als populäre Individualitäten treten heraus der Vater Radetzky und der Meister Strauß, den der Dichter mit einer überaus glücklichen Wendung als den eigentlichen Erfinder der Elektricität preist. Der Dichter sucht dann das Volk bei seinen Unter= haltungen und an den Vergnügungsorten auf: er schildert einen flotten Wäschermädelball; er führt uns zu den Lotterieschwestern an dem Siebe= ringer Brünnel; von den nach den Ständen ge= schiedenen Prateralleen findet jede ihre besondere

Charakteristik, und zuletzt geleitet uns der Dichter
aus der Stadt hinaus in den Wiener Wald ...
Ein sattes Bild des Wiener Lebens und Strebens,
so weit es sich in den untersten Classen und auf
den Straßen und Gassen sichtbar abspielt, hat der
Dichter entrollt. Er verschmäht es nicht, gelegent=
lich den tiefsten Ton der Leutseligkeit anzuschlagen
und die Localfarbe recht dick aufzutragen. Von
den geläufigen Schlagern und Kernsprücheln der
Wiener hat er kaum eines vergessen oder ver=
schmäht: „'s gibt nur a Kaiserstadt" und „der
ächte Weaner geht nicht unter"; „Hamur" und
„Gaudee"; „Strizzi" und „Falott"; „kreuzfidel",
„harb" und „backschirlich"; „das ist dem Wiener
sein Genre", der „das Herz immer am rechten
Fleck hat". Aber so gut dem Dichter, wie seinen
Landsleuten seit jeher, die drastische Darstellung zu
Gesicht steht, die sich in bequemer Breite gehen läßt
und oft auf den burlesken Ton der altväterischen
Bänkelsängerballade heruntersinkt, so wenig ver=
steht er sich mit dem Gegenstande zu erheben.
Wie nüchtern ist die Aufzählung der Schlachten,
in denen die Deutschmeister gefochten haben und

von denen die wenigsten mehr im Gedächtniß des
Volkes sind, dem es die feschen Wiener viel mehr
durch ihren „Hamur" und ihre Leutseligkeit als
durch die gewonnenen Schlachten angethan haben!
Wie trocken ist die Aufzählung der Strauß'schen
Operetten, ohne feinere Charakteristik, bloß mit
leeren Inhaltsangaben oder mit einer trivialen Um=
schreibung des Titels! Wo den Dichter sein Talent,
den Stoff in die „Weanersprach'" zu übersetzen,
im Stiche läßt, da vermag er ihn auch nicht zu
poetisiren. Namentlich die ernsten Töne, wenn sie
über die Wiener Gemüthlichkeit hinaus gehen, sind
in der Regel banal, mitunter macht sich sogar
eine recht unwahre Sentimentalität geltend. Wo
trifft man denn heute noch in Wien einen Stelz=
fuß an, der unter dem Radetzkymonument orgelt?
Wer hofft denn noch unter den „Pülchern", die
vor der Burgmusik herlaufen, aber höchstens zur
Fahne des Antisemitismus oder gar des Anarchis=
mus geschworen haben, die Kriegshelden zu finden,
seitdem die allgemeine Wehrpflicht nicht bloß
„Strizzi und Falott", sondern auch den edelsten
Theil der vaterländischen Jugend unter die Waffen

ruft? Und je tiefer der Verfasser in seinen gelun=
gensten Liedern in die „Weanersprach" hineingreift,
umsomehr stechen dann an anderen Stellen die
Umschreibungen Wienerischer Terminen ins Hoch=
deutsche davon ab; sie nehmen sich, wenn ich mich
auch eines Wortes von echter Wiener Prägung
bedienen darf, daneben einfach „patschert" aus,
und der Dichter hätte meines Erachtens besser
gethan, den drastischen Ton und die dialektische
Färbung durchgehend festzuhalten. Umsomehr,
als er uns ja doch bloß die untere Seite des
Wiener Wesens zeigt und dem Sprüchlein von
dem Phäakenvolk und dem Capua der Geister kein
Gegengewicht zu bieten weiß. Schon in dem ein=
leitenden Gedichte preist er Kant glücklich, daß er
nicht in Wien geboren sei, wo er den kategorischen
Imperativ gewiß nicht ausgeheckt hätte. Nicht das
Wort: „Ich soll!" ist Wiener Art, sondern der leichte
Sinn und die Lebenslust, die das Gute aus freier
Neigung thut. Das hat freilich auch Schiller gesagt,
aber an die Wiener hat er dabei just nicht gedacht.

In Saar's „Wiener Elegien" tritt uns zunächst
wieder die Person des Dichters entgegen, der aus

länblichen Fluren, wo die Muse ernsteste Samm=
lung heischte, nach langer Abwesenheit in seine
Vaterstadt zurückkehrt. Die Sehnsucht hat ihn,
Wiens getreuesten Sohn, im Herbste seines Lebens
zurückgeführt, wie er uns glauben macht, zu dem
letzten Dichterglück, das er in den Gedichten so
oft ersehnt: wo die Wiege stand, da soll auch sein
Grab sein. Aber wie Saar selber durch die Wünsche
seiner Freunde bisher niemals dauernd an Wien
zu fesseln war, so schildern auch die Elegien nur
Ein Jahr in Wien. Das Wiener Jahr beginnt
für unseren Dichter im Sommer, wo man, wenn
schon die Koffer zur Sommerreise gepackt sind, dem
eben Angekommenen erstaunt in den heißen Straßen
der Stadt zu begegnen pflegt, und es schließt mit
dem folgenden Frühling.

Nach einer kurzen einleitenden Elegie (I) setzt der
Dichter mit dem Preis von dem ein, was dem lange Ab=
wesenden zuerst ins Auge fallen muß, mit dem Preis
von Neu=Wien (II). Aber das laute Lob, das er
der Ringstraße mit ihren großen Neubauten zollt,
stammt nicht aus dem Munde des Dichters, er
hat es absichtlich staunenden Fremden, dem Hi=

spanier und dem Nordländer, in den Mund ge=
legt. So schön das alles ist — „dennoch" wendet
er sich zu dem alten Wien (III) mit seinen Basteien,
aber auch mit seinem fröhlichen Volk. In der inneren
Stadt (IV), wo sich das Alte neben dem Neuen
noch behauptet und „Vergangenheit träumt still
in die Zukunst hinein", erwachen auch in dem
Dichter persönliche (V) und historische Erinne=
rungen. Auf der Freiung mahnt ihn das Schotten=
kloster an die glückliche Schulzeit, mit deren Schil=
derung die des nahen Nikolai= und Weihnachts=
marktes zugleich zusammenstimmt (Heilige Schauer
der Kindheit!) und contrastirt (Schule und Spiel).
In dem geschichtlichen Rückblick (VI) zeigt der
Dichter, was das herrliche Wiener Herz Großes
barg: er läßt die Helden und die Künstler an
seinem geistigen Auge vorüberziehen, deren Namen
Wien groß gemacht haben und deren Verdienste
er kurz und hübsch charakterisirt. Dem Grillparzer=
schen Spruch über Alt=Wien setzt er hier den
seinigen entgegen: „War es ein Capua auch, war
es doch keines des Geists." Aus dem Centrum
begibt sich der Dichter, der auch in sommerlicher

Hitze der veröbeten Stadt treu geblieben ist und die Ressourcen an heißen Sommertagen über-schlägt (VII), zunächst in die Vorstädte (VIII), die freilich auch schon mit dem Neuen prunken, aber sich doch noch einen Hauch früherer Tage bewahrt haben. Er kommt in das geliebte Döb-ling (IX), sein früheres Asyl, wo er einst so viel Schaffens- und Liebesqualen erbuldet hat, wo so viele seiner Novellen erlebt und gedichtet sind. Und wie er selber inzwischen zwar die Tage der Noth überwunden und vieles Ersehnte erreicht hat, aber doch dem Herbst entgegen gegangen ist, so ist auch sein trautes Döbling nicht mehr zu erkennen, aus dem Land zur Stadt geworden! Noch weiter hinaus trifft er in Grinzing und in Nußdorf (X) beim Heurigen die letzten Reste der alten Phäaken an. Der Wechsel der Jahreszeit führt ihn zu Allerheiligen auf den Friedhof (XI), wo er wie in den Gedichten die Gräber der einsam Ver-schollenen aufsucht, die eigentlich niemals gelebt haben, deren Namen sogar vergessen sind. Der Winter (XII) bringt Theater und Concerte und die lustige Eisbahn, wo Saar freilich einmal stark aus dem

modernen Costüm fällt, wenn er den Jüngling bei
elektrischer Beleuchtung dem Mädchen kniend den
Schlittschuh an den Fuß „schnallen" läßt. Eine
besondere Elegie verdient in der Walzerstadt die
Faschingszeit (XIII), wo jetzt Humanität getanzt
wird, und wo sich die ganze Welt um die Walzer
von Strauß dreht, die auch das alternde Herz
des Dichters noch einmal in Taumel versetzen;
auch hier weiß Saar die verschiedenen Lebens-
und Gesellschaftskreise, die das frohe Ballfest vereinigt, knapp zu schildern. In den beiden letzten
Elegien erhebt sich der Dichter über das Getriebe der Gegenwart. Er wirft zunächst einen
Blick in die Zukunft, indem er von seiner stillen
Wohnung aus dem Treiben der Jugend des aka=
demischen Gymnasiums zusieht (XIV), wie · er
auch in den Novellen gern den Beobachter der
Jugend spielt. Und er wendet sich zuletzt in der
Osterwoche, den Besuch der heiligen Gräber ver-
meidend, zum Kahlenberg (XV): von einem erhöhten Standpunkt, von der Bank aus, wo er
einst als Knabe gesessen, überblickt er, wie Grillparzer in seinen „Jugenderinnerungen im Grünen"

ober wie der „Wiener Spaziergänger" vom Kobenzl
aus auf das alte Wien herunterschaut, zum Ab=
schied das Ganze, das er früher bloß einzeln ge=
sehen. Bei dem Gedanken an dieses Ganze zuckt,
wie in den letzten Novellen, mancher schmerzvolle
Gedanke in ihm auf. Jung=Oesterreich gehört nicht
mehr zu Deutschland, die Glieder (die Nationen)
müthen gegeneinander und gegen das Haupt —
aber Wien, ihr Haupt, ist noch, und es wird
ewig bestehen! Und wie Schiller seine Elegie mit
dem Gedanken an die ewige Sonne Homer's beschließt,
so auch unser Dichter:

„Sieh', es dämmert der Abend, doch morgen flammt
      wieder das Frühroth —
Und bei fernem Geläut segnet Dich heiß Dein Poet."

So hat ihn auch bei seinem Eintritt in Wien
dieselbe Luft vom Kahlenberg begrüßt, die ihn als
Kind umfächelte: so hat er auf dem Weihnachts=
markte immer noch das Leben jung, verlangende
Kinder und liebende Mütter gefunden! Auch hier
ist die Natur das Reinmenschliche, das einzig
Gleichbleibende im Wechsel der Dinge.

128

Saar's Wiener Elegien sind nicht Elegien im Sinne der Römischen Elegien Goethe's: weil im elegischen Versmaß gedichtet. Sie sind auch der Grundstimmung nach Elegien und sollten eigentlich „Altwiener Elegien" heißen. Wie in den Novellen, so geht der Dichter auch hier den Spuren des Vergangenen und alten Erinnerungen nach; wie dort, so sucht er auch hier das alte Wien. Denn Wien ist nicht mehr, was es war! Altes, Gewohntes ist versunken — der Dichter selbst erscheint dem neuen Geschlecht wie ein Fremdling. Das lustige Wien, aus dem der Graf Wickenburg mit vollen Händen schöpft, findet unser so ganz anders gearteter Dichter nirgends mehr auf seinem Wege.

Ir der inneren Stadt sieht er ein ernstes Volk ohne Behagen der Arbeit und dem Gewinne nachgehen, und je weiter er in die Vorstadt hinaus kommt, umsomehr Spuren des Kampfes ums Dasein, der, wie wir aus den Gedichten wissen, für Saar kein erfreulicher Anblick ist. Ueberall das Elend der Großstadt; die Menschen dem Hunger preisgegeben und dem Alkohol, der von

den „Pantschern" (einer Hauptplage der Vorstädte)
auch im Wein verkauft wird. Erst weit draußen
beim Heurigen findet er die letzten Phäaken, denen
die Noth noch nicht den „Hamur" verdorben hat.
Aber auch hier muß sich das Schiller'sche Xenion
in der Noth der Zeit eine Variation gefallen
lassen:

> „Wahrlich, Ihr geht nicht unter, Ihr Wiener! dreht
> sich auch nicht mehr
> An dem Spieße das Huhn — brätelt doch immer die
> Wurst."

Mehr noch bekümmert den Dichter der Anblick
und das Schicksal der modernen Frauen. Denn
auch hier beobachtet er alles Weibliche mit schar-
fem Auge, und die Wiener Mädchen weiß er
überall gustiös zu schildern: ob sie nun, von dem
männlichen Auge mit begehrendem Blick verfolgt,
durch die engen Gassen der inneren Stadt eilen,
oder auf der Eisbahn Gelegenheit haben, ihren
geschmeidigen Wuchs am geschmeidigsten zu zeigen,
oder auf dem Ball Schultern und Busen wie
Schnee leuchten und den blühenden Leib im Takte
der Strauß'schen Walzer schweben lassen. Aber

130

mit mißgünstigen Augen sieht er daneben die Frau
dem Gewinn und der Arbeit nachjagen, und in
der Vorstadt arbeitet die älteste Tochter des klei=
nen Beamten nicht mehr bloß mit der Nadel, son=
dern auch schon mit der Feder. Die Abneigung
gegen die schriftstellernden Frauen kennen wir aus
den Novellen und aus den Gedichten. Verhaßt
gar sind ihm die emancipirten Frauen und die
Vertreterinnen der freien Liebe:

„Und Du, niedliche Kleine, mit großen beweglichen Augen,
     Ahnst Du Novellen bereits, üpp'ger als die des Boccaz?
Freieste Liebe versprichst Du, indessen breitspurig die
          Freundin
     An der Seite Dir stapft, reizlos verschnittenen Haars.
Diese, ich seh's, wälzt unter der wuchtigen Stirn schon
          die Frage,
     Wie man das Männergeschlecht gänzlich vom Erdball
          verdrängt."

Ebenso wenig Freude bereitet dem verstimmten
Dichter der Blick auf die nachwachsende Jugend;
recht charakteristisch contrastirt er die alte Schule,
durch das ehrwürdige Schottengymnasium reprä=
sentirt, mit der modernen Jugend des akademischen
Gymnasiums. Da ist es freilich noch ein Rest

des vormärzlichen Oesterreicherthums, wenn der
Dichter aus der Zeit, wo Lesen und Schreiben
genügte, fast elegisch auf die Gegenwart blickt:

„Heut ist jegliches Kind bereits ein Gelehrter! Wie oft schon
Hat mich ergrauenden Mann Weisheit des Schülers be=
schämt."

Die Schilderung trifft auch nicht zu: denn wir sind
ja — leider! — schon wieder bei der Ueberbürdung
und Abrüstung angekommen, und unsere Gym=
nasiasten werden bald mehr heitere olympische
Spiele als ernste Studien betreiben. Ich möchte
keinem Schüler des akademischen Gymnasiums das
zu lernen zumuthen, was wir vor dreißig Jahren
in der alten Schule des Schottengymnasiums,
nicht zu unserem Schaden, sondern zu unserem
Nutzen gelernt haben. Ebenso wenig trifft auch
die Schilderung des modernen Dichterjünglings
zu, wenn Saar in einem schmächtigen Knaben, der
erhobenen Hauptes hinwandelt im Schwarme,
einen Collegen begrüßt, der an einem veristischen
Drama dichtet, das in der Klinik beginnt und am
Secirtisch verläuft. Das ist so wenig beobachtet, wie
wenn er in den Novellen einen Modernen Kritiken

schreiben läßt, weil er selber Nichts dichten kann, ohne zu bedenken, daß das gerade eine Unsitte der alten Zeit war, die in der neuen eher abgeschafft als aufgebracht wurde. Nein, so sehen die modernen Dichterlinge nicht aus; sie sind noch viel unangenehmer, als Saar sie schildert. Die Schillermaske ist in Verruf gekommen, der moderne Poetaster darf sich von jedem anderen Gigerl äußerlich gar nicht unterscheiden. Zutreffender ist es schon, wenn Saar in den heutigen Schulbuben künftige Wahrer des Friedens, Begründer der ewigen Gleichheit, Weltbefreier vom Mikrobengezücht, Maler der vierten Dimension und Entdecker der fünften sieht und den Vertretern dieser Zukunftstendenzen seinen wohlgemeinten Glückwunsch mit auf den Weg gibt, freilich nur mit dem ironischen Zusatz:

„Wachsen die Bäume doch nicht gleich in den Himmel hinein!"

Von den Wickenburg'schen Liedern unterscheiden sich die Saar'schen Elegien nicht nur durch den ernsten Ton und durch den Verzicht auf jeden populären Effect, der schon durch das classische Versmaß ausgeschlossen ist. Dadurch, daß immer

der betrachtende Dichter das Wort führt, wird
auch der Ton ein gleichmäßiger; und weil alles
in das gleiche Gewand des faltenreichen classischen
Stiles gehüllt wird, verlieren die Gegenstände
zwar an drastischer Wirkung, aber die Widersprüche
treten nicht so grell hervor, wie in den ernsten
Liedern von Wickenburg. Im Ganzen hat es Saar
sehr gut verstanden, Wienerisches in classische
Wendungen umzusetzen. Die Ringstraße nennt er
„ragende Bauten, die sich schließen zum Ring";
dem Sieveringer Brünnel ertheilt er durch das
Epitheton „delphisch" die classische Weihe; ganz
an Schiller erinnert die Schilderung des Tanzes:

„Sieh' nur die zierlichen Reigen! es trennen und flieh'n
sich die Paare,
Aber in reizendem Bug kehren sie wieder zurück."

Freilich begegnen daneben auch mitunter linkische
Wendungen wie die „Bücher der Schule" (für
„Schulbücher") oder die „schlechtere Note" (im
Zeugniß). Dialektische Wendungen und die bei
Wickenburg so beliebten „Schlager" hat Saar wie
sonst ganz gemieden; nur der „Hamur" fällt aus
dem Stile. Sehr glücklich sind in der Regel die

Abschlüsse der einzelnen Elegien; zwei davon schließen mit den Variationen und Modificationen der Aussprüche Grillparzer's und Schiller's besonders wirksam ab.

* * *

Saar steht heute noch im kräftigsten Mannesalter. Man möchte wünschen, daß er auch die Kraft fände, sich der Einsamkeit zu entreißen. Sie hat ihm gegeben, was sie ihm geben konnte. Aber sie hat für den Dichter und den Menschen auch ihre Gefahren, und ihre Ressourcen sind nicht unerschöpflich. Unser Freund ist lang genug in Blansco und Umgebung auf die Bilderjagd gegangen, und er hat mehr heimgebracht als ein Anderer dort gesucht und gefunden hätte. Er versuche es nun einmal, dem modernen Leben der Großstadt in die Augen zu blicken; es wird ihm freundlicher als bisher zurücklachen. Denn Welt und Dichter werden zwar ewig miteinander schmollen, aber sie dürfen nicht voneinander lassen. Frau Welt, die verblühte Frau, wäre für den volllebigen Dichter das letzte und schönste Dichterglück.

135